Jenseits der Grenzen

Das integrale Modell und der evolutionäre Idealismus

Über den Autor:

Gerhard Höberth, Jahrgang 1960, arbeitete zunächst als Computertechniker, Informatiker, Technischer Zeichner, Gärtner, Schafhirte, Grafiker und Kunstmaler, bevor er an der Universität Wien Philosophie studierte. Dazwischen beschäftigte er sich mit vergleichender Religionsforschung, folgte verschiedenen Einweihungswegen traditioneller, spiritueller Richtungen und absolvierte diverse systemische und therapeutische Ausbildungen. Seit 1991 arbeitet er unter anderem als Philosoph, bildender Künstler und freier Autor.

Kontakt:
Email: info@hoeberth.de
Website: www.hoeberth.de

Veröffentlichungen (Auszug):

- »Struktur der Ganzheit«, 2000, KernVerlag
- »ITEX Kurioso«, 2006 , creAstroVerlag
- »Evolutionärer Idealismus«, 2010, creAstro-Verlag
- »Kosmische Momente«, 2014, creAstro-Verlag
- »Die Welt von innen«, 2016, creAstro-Verlag
- »Die ewige Suche«, 2019, creAstro-Verlag
-

Gerhard Höberth

Jenseits der Grenzen

Das integrale Modell und der evolutionäre Idealismus

creAstro Verlag

Besuchen Sie auch die Website www.creAstro.de

Bibliografische Information Der Deutschen Bibliothek

Die Deutsche Bibliothek verzeichnet diese Publikation in der Deutschen Nationalbibliografie; detaillierte bibliografische Daten sind im Internet über http://dnb.ddb.de abrufbar.

Gerhard Höberth
Jenseits der Grenzen
Das integrale Modell und der evolutionäre Idealismus

Wasserburg am Inn, creAstro-Verlag 2023

ISBN: 978-3-939078-17-3

Grafik: Gerhard Höberth / www.hoeberth.de

Umschlaggestaltung: Gerhard Höberth

Gedruckt in Deutschland

Inhaltsverzeichnis

1. Einführung

In den 1990er Jahren, lange bevor ich die «Integrale Theorie» kennen lernte, entwickelte ich meine Philosophie des «Evolutionären Idealismus». Von Ken Wilber habe ich erst erfahren, als sein Name in Gesprächen immer wieder fiel, weil meine Philosophie der seinen so ähnlich war. Später las ich Wilber und war erstaunt und erfreut, bei ihm so vieles zu lesen, was ich selbst dachte, aber noch nicht in dieser Ausführlichkeit formuliert hatte. Gleichzeitig entdeckte ich Unterschiede. Ich entwickelte meine Theorie aus einer anderen Perspektive und fand sie später teilweise in der integralen Theorie wieder. Gleichzeitig hat mich mein Weg zu einer Sichtweise geführt, mit der ich der integralen Theorie durchaus etwas Konstruktives hinzufügen kann. Und eines davon möchte ich in diesem Buch herausgreifen und aufzeigen. Für alle, die mit der integralen Theorie bereits vertraut sind, kann ich an dieser Stelle spoilern, dass es sich dabei konkret um eine andere Aufteilung der Quadranten und um die Einbeziehung der Qualität der Raumzeit handelt. Aber das werde ich in diesem Buch detailliert ausarbeiten, auch für diejenigen, die jetzt noch nicht wissen, wovon ich spreche.

Dazu ist es notwendig, zunächst die integrale Theorie vorzustellen. Dann geht es um den Info-Spin, die Kernthese des evolutionären Idealismus. Dies ist ein Detail meiner Theorie, das die integrale Theorie erweitern und, wie ich meine, vervollständigen kann.

Die «Integrale Theorie» selbst bezeichnet eine bestimmte Weltanschauungsschule, die sich um eine ganzheitliche Sicht des Menschen und der Welt unter Einschluss des Geistigen und Göttlichen bemüht. Sie integriert verschiedene natur-, geistes- und humanwissenschaftliche Denkansätze, Elemente vormoderner, moderner und postmoderner, östlicher und westlicher Weltanschauungen sowie rationales und spirituelles Denken. Ken Wilber hat diese Theorie nicht erfunden, sondern in ein nachvollziehbares System gebracht. Weitere Vertreter dieser Theorie sind Aurobindo Ghose, Jean Gebser, Johannes Heinrichs. Sie beziehen sich dabei auf die Tradition anderer Autoren wie Lessing, Hegel oder Teilhard de Chardin und integrieren auch andere Teilsysteme wie die entwicklungspsychologische Theorie Spiral Dynamics, der ich in diesem Buch auch einen größeren Raum einräumen werde. Ein solch umfassendes System erfordert eine Vielzahl von Denkern, um es zu entwerfen. Viele Menschen haben sich zusammengefunden, um die integrale Theorie aus dem Wissen der Menschheit, aus den verschiedensten Kulturen zusammenzusetzen. Und kein Mensch hätte das alleine geschafft.

Ich werde mich jedoch hauptsächlich auf die integrale Theorie von Ken Wilber beziehen, da sie das bekannteste und für mich geordnetste System darstellt. Die Beschäftigung mit dieser Theorie erinnert mich an einen Orbitalflug eines Astronauten, von dem es heißt, dass er einen Overview-Effekt auslöst: Wenn man die Erde als blaue Perle im kalten, schwarzen All schweben sieht, verschieben sich die Prioritäten. Es ist nicht mehr wichtig, was da unten an Staatsgrenzen und politischen oder ethnischen Konflikten passiert. Man sieht nur noch, dass sich die Ökosphäre wie eine hauchdünne Patina um diese Kugel gelegt hat und dass sie sehr verletzlich ist. Man merkt, dass man eigentlich sehr genau darauf achten muss, unsere Lebensgrundlagen zu erhalten, dass man nationale oder persönliche Konflikte daneben als unwichtig erachtet. Einen ähnlichen Effekt sehe ich bei der Beschäftigung mit der integralen Theorie: Man erkennt Zusammenhänge, Gemeinsamkeiten und Aufgaben, die man völlig übersieht, wenn man all diese Themenbereiche, die die Theorie integriert, isoliert betrachtet. Auch hier gibt es also einen Overview-Effekt.

Was werde ich in diesem Buch tun? Zuerst werde ich erklären, was Holons sind und wie sich daraus die Theorie der vier Perspektiven ergibt, also das, was man die Quadranten-Lehre nennt. Ich werde das etwas ausführlicher tun, weil es einen wichtigen Unterschied gibt zu dem, wie ich die Holozellen sehe, die ich dann im Kapitel über den evolutionären Idealismus beschreibe. Dann werde ich kurz erklären, was man unter AQAL versteht und schließlich werde ich Spiral Dynamics in meiner Interpretation vorstellen. Schließlich wenden wir uns der Wilber-Comps-Matrix zu und schauen abschließend, auf welcher Ontologie das alles beruhen könnte. Dazu machen wir einen Abstecher zum Monismus und zum holographischen Weltbild, das ein wenig mit Indras Netz verwandt ist. Wir schließen diesen Überblick über die integrale Theorie mit einem Blick auf die Folgerungen, die sich daraus für die Religionen ergeben. Denn hier liegt die Lücke der Integralen Theorie. Vielleicht nicht in der Theorie selbst, aber in der Art und Weise, wie sie beschrieben wird.

Ich bin überzeugt, dass mein Ansatz des evolutionären Idealismus besser geeignet ist, eine Verbindung zwischen dem postmodernen Weltbild der Wissenschaft und einem spirituellen Weltbild herzustellen: Die «Holozellen» meiner Theorie sind das Äquivalent zu den Holons der integralen Theorie, und der Unterschied liegt hauptsächlich in der Beschreibung. Dieser Unterschied ist jedoch wesentlich.

Es folgt ein kurzer Überblick über die Quantentheorie, um zu erklären, was Zeit ist. Dieser Teil ist wesentlich für das Verständnis dessen, was das eigentliche Thema dieses Buches ist: der Bereich ***jenseits der Grenzen*** dieser Welt. Der Bereich, auf den die Integrale Theorie meiner Meinung nach keine Antworten hat, der Bereich ***vor der Geburt*** und ***nach dem Tod***.

2. Integrale Theorie

2.1. Holarchie

Die integrale Theorie ist ein systematisches Modell, das eine umfassende, ganzheitliche Welterklärung bietet. Ohne materialistische Verkürzung, aber unter Einbeziehung der Eigenart und Wirksamkeit des Geistigen im Kosmos. Sie geht davon aus, dass die in der modernen Wissenschaft stark ausdifferenzierten Wirklichkeitsbereiche von Natur, Mensch, Wirtschaft, Gesellschaft und Kultur in der Realität vielfältig miteinander verwoben sind. Um eine zukunftsfähige bzw. nachhaltige Entwicklung zu gewährleisten, bedarf es daher neben den Einzel- bzw. Fachwissenschaften neuer, moderner integrativer Denkansätze, Forschungen und Theorien, die die Welt als Ganzes in den Blick nehmen.

Dabei sollten mystische und spirituelle Erfahrungen ebenso wie naturwissenschaftliche Erkenntnisse in ein integrales Weltmodell einbezogen werden, da sie zumindest Erkenntnisse über die Natur des Bewusstseins vermitteln können. Es sollte unvoreingenommen geprüft werden, ob durch geeignete Übungsmethoden wie Meditation eine intersubjektive Überprüfbarkeit möglich ist. Spirituelle Erfahrungen sind in vielen Kulturen und Epochen verbreitet und durch meditative Praxis prinzipiell zugänglich. Das bedeutet nicht notwendigerweise, dass einer unüberprüfbaren Metaphysik das Wort geredet wird.

Die Aufgabe eines integralen Denkers besteht nicht darin, alle Theorien zu prüfen und zu entscheiden, welche davon die «richtige» ist. Vielmehr muss er erklären, in welchem Kontext die Gesamtheit dieser Ideen «richtig» sein kann. Denn alle diese Theorien in Wissenschaft, Kunst und Spiritualität werden tatsächlich praktiziert, und es muss daher nach der Struktur des Kosmos inklusive des menschlichen Bewusstseins gefragt werden, die die Entstehung so vieler grundverschiedener Disziplinen ermöglicht. Es muss also die Frage nach der Architektur des Universums selbst gestellt werden. Naheliegend ist ein Monismus, der eine gegenseitige Bedingtheit von Materie und Geist impliziert, während Theorien wie Materialismus oder Idealismus nur Extreme eines dualistischen Weltbildes sind, die den jeweils zweiten Teil dieser Dualität ausklammern.

Ein weiterer wichtiger Aspekt der integralen Theorie ist die Vermittlung zwischen verschiedenen Ansätzen menschlicher Subjektivität. Es wird davon ausgegangen, dass das individuelle *Ich* oder *Ego* der heutigen Menschen nicht die höchste Qualität menschlicher Handlungsfähigkeit darstellt, sondern in einem komplexeren transpersonalen Selbst aufgehen kann, das auch andere

Wesen in das eigene Denken, Fühlen und Handeln einbezieht. Die Evolution ist mit dem heutigen Menschen nicht an ihr Ende gelangt. Gleichzeitig wird die Bedeutung des *Ich* als zentrale Instanz individueller Handlungsfähigkeit betont und damit von spirituellen Ansätzen abgegrenzt, die das Ich in einer universellen Einheit auflösen wollen.

Das menschliche Bewusstsein hat sich im Laufe der Geschichte immer weiter entwickelt, was sich auch auf unsere Wahrnehmung von Wirklichkeit und Existenz ausgewirkt hat. Ein wichtiger Aspekt der Integralen Theorie ist daher, die Entwicklung des Bewusstseins als einen kontinuierlichen Prozess zu betrachten, der zu verschiedenen Ebenen des Bewusstseins und der Realität führt. Diese Ebenen werden als Stufen bezeichnet und können in einer hierarchischen Struktur dargestellt werden.

2.2. Die horizontale Struktur

Hinweis: Ich werde das Holon und die Quadrantenlehre hier nur kurz als Reminder umreißen, für alle, die die integrale Theorie schon kennen. Sollten Sie Schwierigkeiten haben, das in dieser Kürze nachzuvollziehen, dann machen Sie sich nicht die Mühe, es unbedingt verstehen zu wollen. Ich werde es ausführlicher und auf einem anderen Weg am Beginn der Erklärung des evolutionären Idealismus wiederholen.

Der Begriff «Holon» beschreibt im Wesentlichen ein System, das in eine Hierarchie anderer Systeme eingebettet ist. Es ist eine unteilbare funktionale Einheit, die sowohl aus Teilen als auch aus einem Ganzen besteht und Teil einer höheren Ganzheit ist. Es handelt sich um einen ganzheitlichen Ansatz, der die Hierarchie von Systemen und Ebenen umfasst.

Die Idee ist, dass alles aus Holons besteht, ohne Ausnahme. Ein Holon ist also ein **Ganzes**, das aus **Teilen** besteht, wobei die Teile bestimmte Funktionen innerhalb des Ganzen haben. Gleichzeitig kann das Ganze auch Teil eines noch größeren Ganzen sein. Es ist aber nicht so, dass das Ganze sich die Teile sucht, um mit ihnen bestimmte Funktionen zu erfüllen. Die Teile fügen sich auch nicht einfach zu einem Ganzen zusammen, um mehr zu erreichen. Die Ursache liegt also weder in der Ganzheit, noch in den Teilen. Die gegenseitige Abhängigkeit zwischen Teilen und Ganzen ist von großer Bedeutung. Deshalb bezeichnet man ein Holon als **Teilganzheit**. Die Teile und das Ganze müssen zusammen wachsen und sind **autopoietisch**, d.h. sie erzeugen sich selbst. Gleichzeitig müssen sie die physikalischen Gegebenheiten berücksichtigen, wie z.B. die Tatsache, dass im Kosmos die Unordnung immer größer wird. Wächst ein Holon, so wächst auch die Ordnung in diesem Holon. Im Gegenzug muss an anderer Stelle die Unordnung umso schneller wachsen, was als **dissipative** Struktur bezeichnet wird, da Energie zerstreut wird. Das Holon nimmt also geordnete Energie auf und gibt ungeordnete Energie an die Umgebung ab, wodurch seine eigene Ordnung und die Unordnung in der Umgebung wachsen.

Ein weiterer wichtiger Punkt ist die **Homöostase**, die besagt, dass sich ein Holon im Fließgleichgewicht befindet. Es ist ein System, das ständig von Energie und Materie durchströmt wird. Ein Beispiel dafür ist ein menschliches Holon, wie ich es bin. Obwohl es in meinem Körper kein einziges Atom mehr gibt, das vor zehn Jahren da war, würde mich jemand, der mich vor zehn Jahren das letzte Mal gesehen hat, wahrscheinlich immer noch erkennen. Das liegt daran, dass mein Muster als Person immer noch erkennbar ist, obwohl die Materie in meinem Körper ausgetauscht wurde. Es geht also nicht um die Materie an sich, sondern um das **Muster**, nach dem diese Materie strukturiert ist.

Zusammenfassend kann man sagen, dass ein Holon das Muster eines autopoietischen, dissipativen und homöostatischen Systems ist, das aus Teilen besteht und Teil eines größeren Ganzen ist. Es ist ein wichtiges Konzept bei der Betrachtung von Systemen und der Hierarchie von Ebenen.

2.2.1 Artefakte und Haufen

Obwohl die Welt nur aus Holons besteht, gibt es viele Dinge, die keine Holons sind. Das mag wie ein Widerspruch klingen, ist es aber nicht. Das Problem ist unsere Sprache. Wir haben Namen für Entitäten, die in Wirklichkeit keine Entitäten sind. Zum Beispiel ist ein Hund eine Entität und ein Holon. Ein Stein hingegen ist eine (begriffliche) Einheit, aber keine Ganzheit und daher kein Holon. Ein Stein ist nur eine Ansammlung von Kristallen ohne organisierendes Muster. Er ist eine Ansammlung von Holons, aber selbst kein Holon. Wenn wir einen Stein zerbrechen, erhalten wir zwei Steine. Wenn wir einen Hund zerschneiden, haben wir keine zwei Hunde. Der Unterschied ist, dass ein Holon eine holistische Funktionalität hat.

Aber was ist mit einem Computer, einer Uhr oder einem Radio? Wenn wir eine Uhr zerschneiden, haben wir nicht zwei Uhren. Also müssen sie, ähnlich wie Hunde, eine holistische Funktionalität haben. Ein **Haufen** hingegen ist zwar eine (begriffliche) Einheit, aber keine Ganzheit. Eine Armbanduhr ist eine Einheit und eine Ganzheit, aber kein Holon. Sie ist künstlich hergestellt und daher ein **Artefakt**. Hier liegt die entscheidende Definition des Holons: Ein Holon ist nicht nur ein Ganzes, sondern ein Ganzes, dessen organisierendes Muster aus seinem Inneren kommt. Es ist ein autopoietisches, sich selbst erschaffendes System. Eine Armbanduhr erhält ihr Ordnungsmuster von dem Menschen, der sie entworfen oder gebaut hat, und nicht von sich selbst. Eine Armbanduhr ist ein Artefakt, ein künstlich hergestelltes Objekt. Artefakte sind Gebilde, die ihr Ordnungsmuster von außen erhalten. Ein Haufen ist eine zufällige Ansammlung von Dingen, die Holons sein können, aber auch Artefakte, andere Haufen oder eine Kombination von beiden. In keinem Fall hat ein Haufen ein strukturierendes Muster. Ein Artefakt ist ein Ganzes, das zwar ein strukturierendes Muster besitzt, dieses aber nicht aus sich selbst heraus, sondern von außen erhalten hat. Ein Holon hingegen ist ein holistisches Muster, das aus sich selbst heraus entsteht. Es ist ein autopoietisches, sich selbst erschaffendes System.

Natürlich ist diese Definition alles andere als abschließend und vollständig. Aber das muss sie für unsere Zwecke auch nicht sein. Wichtig ist nur, dass wir diese drei Bereiche grundsätzlich unterscheiden können. Holons haben eine interne Perspektive. Haufen und Artefakte haben keine Innenperspektive, weil ihnen die holistische Identität fehlt. Die Frage ist nur, wie diese Innerlichkeit aussieht und wie sie beschrieben und erklärt werden kann.

Kurz gesagt sind Holons eine besondere Art von Entitäten, die eine ganzheitliche Funktionalität besitzen und deren organisierendes Muster aus ihrem Inneren kommt. Im Gegensatz dazu sind Haufen und Artefakte zwar auch Einheiten, aber sie haben kein strukturierendes Muster, das aus ihnen selbst kommt. Holons haben eine Innenperspektive und können eine Innerlichkeit haben, während Haufen und Artefakte dies nicht haben.

Es ist wichtig, diese Unterscheidung zu machen, um eine sinnvolle Diskussion über die Natur der Innerlichkeit und des Bewusstseins führen zu können. Ein Panpsychismus, der Steinen oder Artefakten eine Innerlichkeit zuschreibt, ist naiv und unreflektiert. Im Gegensatz dazu können Holons wie Hunde eine Innerlichkeit haben, die erforscht und diskutiert werden kann.

Ein Stein ist ein Haufen, eine Uhr ist ein Artefakt und ein Hund ist ein Holon.

2.2.2 Quadranten

Ein Holon kann aus verschiedenen Blickwinkeln betrachtet werden. Zunächst kann man seine **physische Struktur** betrachten, seine Zusammensetzung und seine Funktionen, wie das Ganze organisiert ist und wie seine Teile manipuliert werden, um als funktionelle Einheit zu existieren. Das Holon kann reduktionistisch in seine physischen Bestandteile zerlegt werden, um zu verstehen, wie es funktioniert. Das ist der wissenschaftliche Ansatz.

Man kann sich aber auch fragen, wie es sich anfühlt, ein Teil dieses Holons zu sein. Einige Holons sind so reich an Innerlichkeit, dass sie selbst befragt werden können und Antworten geben. Diese Perspektive ist die **Innensicht** des Holons, die Introspektion. Dies ist der Bereich, der – zumindest für menschliche Holons – als Psychologie bekannt ist.

Aber ein Holon kann nicht existieren, ohne in einen **Kontext** eingebettet zu sein. Ein Holon ist von Materie und Energie durchdrungen. Es benötigt eine Umgebung, die ihm diese zur Verfügung stellt und die sie ihm auch wieder entzieht. Auch dies kann zunächst physikalisch untersucht werden. Der Mensch braucht Nahrung und muss daher in eine Infrastruktur eingebettet sein, die diese Nahrung produziert und bereitstellt. Das kann die Natur sein oder der Supermarkt, die Mutter oder ein

Unternehmen. Diese Infrastruktur kann mit Hilfe ökologischer oder ökonomischer Theorien untersucht werden.

Aber auch diese Außenwelt hat eine Innenseite. Damit ist nicht so sehr die Innerlichkeit des Anderen gemeint, sondern die Summe dieser Innerlichkeiten, die eine **kulturelle Intersubjektivität** erzeugen, in die das Holon eingebettet ist. Diese Perspektive wird von der Soziologie untersucht.

Die Einteilung in Quadranten ist ein sehr wichtiger Teil der holistischen, integralen Theorie. Diese Perspektiven helfen, die Welt aus verschiedenen Blickwinkeln zu betrachten und zu verstehen, wie verschiedene Aspekte zusammenhängen.

Die Quadranten sind unterteilt in die Dualitäten *Geist und Materie* sowie *Individuum und Kollektiv.* Diese Kategorien sind so grundlegend, dass sie sogar in Indien als Grundlage für die vier Yoga-Arten dienen.

Die vier Yoga-Arten sind Hatha-Yoga, Karma-Yoga, Bhakti-Yoga und Jnana-Yoga. Hatha-Yoga konzentriert sich auf den Körper und die Materie, Karma-Yoga auf Handlungen und Interaktionen zwischen Individuen und Kollektiven. Bhakti-Yoga beschäftigt sich mit dem spirituellen Aspekt des Individuums und Jnana-Yoga mit der Verbindung zwischen Geist und Materie.

Diese vier Yoga-Arten zeigen, wie die holonische Theorie nicht nur als Konzept, sondern auch in der Praxis angewendet werden kann, um ein tieferes Verständnis der Welt zu erlangen.

Sytem-Innen Quadrant-Oben-Links (QOL)	System-Außen Quadrant-Oben-Rechts (QOR)
Welt-Innen Quadrant-Unten-Links (QUL)	Welt-Außen Quadrant-Unten-Rechts (QUR)

Das individuelle Innere (QOL) erforscht das subjektive Erleben des Einzelnen, das die innere Welt, das Bewusstsein und die persönlichen Gefühle des Einzelnen umfasst. Dieser Quadrant wird durch Techniken wie Meditation, Introspektion und Psychotherapie untersucht.

Der äußere Bereich des Individuums (QOR) konzentriert sich auf das Verhalten, die Handlungen und die physischen Merkmale des Individuums, die von anderen beobachtet werden können. Sie wird in empirischen Bereichen wie den Verhaltenswissenschaften und der Medizin untersucht.

Das kollektive Innere (QUL) erforscht die subjektiven Erfahrungen, die von einer Gruppe oder Kultur geteilt werden, wie z. B. gemeinsame Überzeugungen, Werte und kulturelle Praktiken. Sie wird in Bereichen wie Soziologie und Psychologie untersucht.

Das kollektive Äußere (QUR) bezieht sich auf die objektiven Systeme, Strukturen und Institutionen, die die äußere Welt formen, einschließlich der sozialen, wirtschaftlichen und politischen Systeme. Er wird in Bereichen wie Ökologie, Anthropologie und Wirtschaft untersucht.

Es ist unbestritten, dass die Vier-Quadranten-Theorie eine grundlegende Tatsache darstellt. Es gibt jedoch Meinungsverschiedenheiten darüber, ob die Trennung zwischen den beiden rechten Quadranten nicht vielleicht völlig willkürlich ist. So wird z.B. argumentiert, dass die linken Quadranten zwar in Ordnung sind, aber die Trennung der rechten Quadranten unsinnig sei. Die Kritiker argumentieren, dass beide Quadranten nur Materie beinhalten und naturwissenschaftlich analysiert und erklärt werden können. Selbst wenn wir in der Medizin nur den menschlichen Körper betrachten, behandeln wir nicht nur diesen einen, sondern die Körper aller Menschen. Wenn wir diese Quadranten aus naturwissenschaftlicher Perspektive betrachten, wo ist dann die Grenze zwischen dem eigenen Körper und dem Rest der Welt?

Die griechische Philosophie, insbesondere Platon, würde dieser Kritik zustimmen, denn sie geht ebenfalls eher von einer Dreiteilung der Wirklichkeit in das *Wahre*, das *Schöne* und das *Gute* aus.

Das *Wahre* ist alles, was objektiv als wahr erkannt werden kann.

Schönheit ist etwas sehr Subjektives, denn was ich schön finde, kann ich nur für mich selbst bestimmen. Andere können etwas ganz anderes schön finden. Vielleicht auch dasselbe, aber es bleibt ein subjektives Empfinden, was schön ist.

Und dann gibt es das *Gute*. Das ist die Soziologie, das ist die Art und Weise, wie wir miteinander umgehen, wie wir die soziale Ordnung aufbauen.

Es gibt also gute Gründe zu sagen, ja, eigentlich braucht man nur drei Bereiche und nicht vier. Das Wahre umfasst sowohl den eigenen Körper als auch die materielle Umwelt. Warum also vier?

In der Philosophie des «evolutionären Idealismus», wird bei der Herleitung der Holozellen ein Weg aufgezeigt, wie man zu den vier Quadranten kommt, ohne diese Widersprüche zu erzeugen. Die Kritik an der Aufteilung der materiellen Wirklichkeit in zwei unterschiedliche Quadranten, wird durch die Art und Weise hervorgerufen, wie diese philosophisch entwickelt und abgeleitet werden. Ich werde darauf jedoch später zurückkommen, wenn wir uns mit dem evolutionären Idealismus befassen.

Interessant ist zu diesem Zeitpunkt die Tatsache, dass der Mensch im Zentrum dieser Quadrantenlehre steht. Obwohl alles aus Holons besteht, wird exemplarisch immer vom Menschen und seinem Bewusstsein ausgegangen, weil wir Menschen sind und jeder für sich das einzige Wesen ist, das er von innen betrachten kann. Jeder kennt sein eigenes Subjekt und sein eigenes Bewusstsein. Das Bewusstsein des anderen hingegen kennt jeder nur indirekt. Man muss es sich erschließen und daran glauben. Wenn jemand behauptet, er habe kein inneres Bewusstsein, ist es schwer, ihm das Gegenteil zu beweisen. Man schließt aber auf das Bewusstsein des anderen, weil der andere sich genauso verhält wie man selbst. Es ist daher leicht, sich einen Menschen als Holon vorzustellen und die vier Quadranten zu erkennen. Bei anderen Holons, wie z.B. Tieren, mag uns das noch gelingen, aber bei Molekülen und Atomen wird es schwierig. Deshalb ziehen wir oft eine Trennlinie zwischen lebendiger und toter Materie.

Wie dem auch sei, der Schwerpunkt der Quadrantenlehre liegt auf dem Menschen, was noch deutlicher wird, wenn wir das Thema AQUAL der integralen Theorie betrachten, das wir im nächsten Abschnitt behandeln werden.

2.2.3 AQUAL

AQUAL ist die Abkürzung für «All Quadrants, All Levels», was bedeutet, dass eine Betrachtung aus allen Perspektiven und auf allen Ebenen erfolgt. Die Theorie beschäftigt sich mit der Entwicklung von Individuen und Systemen in allen Quadranten, d.h. mit dem Innen und Außen, dem Individuellen und dem Kollektiven. Aber auch darüber hinaus mit den verschiedenen Entwicklungsstufen, den verschiedenen Holontypen, den verschiedenen Systemzuständen und den Linien der verschiedenen Funktionslinien. AQUAL betrachtet die Entwicklung des Bewusstseins und die Ebenen der Komplexität, die ein System durchläuft.

Daher ist es umso verlockender, alles auf eine anthropozentrische Linie zu bringen. Denn AQUAL bedeutet im Wesentlichen, dass man, wenn man eine umfassende integrale Theorie entwickeln will, alle diese Ebenen und Elemente berücksichtigen muss, um eine vollständige Interpretation zu ermöglichen. Wenn man nur eines dieser Elemente auslässt, fehlt etwas Wesentliches in der Gesamtinterpretation. Aber mit Ebenen sind in erster Linie die Entwicklungsstufen des menschlichen Bewusstseins gemeint, mit Typen die verschiedenen Persönlichkeiten, mit Linien die zahlreichen Interessen des Menschen wie Wille, materielle Sicherheit, Kommunikation, Empfinden, Selbstverwirklichung usw. und mit Zuständen sind Bewusstseinszustände wie Wachen, Schlafen,

Träumen, Trance usw. gemeint. Der Fokus liegt hier nicht explizit, aber implizit auf dem Menschen.

Nach den Quadranten möchte ich in erster Linie die Levels, also die Entwicklungsebenen näher betrachten. Was Typen, Zustände oder Linien sind, hat zwar psychologisch einen großen Wert, ist aber für das Thema dieses Buches nicht weiter relevant. Die Ebenen aber möchte ich erklären, weil sie verständlich beschreiben, wie wir zu Weltbildern kommen und wie wir diese begründen. Da der «Evolutionäre Idealismus» selbst ein Weltbild darstellt, müssen wir uns einen Überblick über mögliche Hindernisse verschaffen, die sich einem Verständnis entgegenstellen könnten.

2.3. Die vertikale Leiter

Spiral Dynamics ist ein entwicklungspsychologisches Modell, das sich mit der Veränderung und Entwicklung von individuellem und kollektivem Bewusstsein beschäftigt. Das Modell teilt diese Veränderung in acht Entwicklungsstufen ein, die jeweils durch eine Farbe repräsentiert werden. Jede Stufe steht für eine bestimmte Art der Weltsicht, die aus einer Kombination von Faktoren und Einflüssen resultiert.

Das Modell beschreibt den evolutionären Prozess der menschlichen Entwicklung, sowohl auf individueller als auch auf kollektiver Ebene. Es sieht die menschliche Entwicklung als eine kontinuierliche Spiralbewegung, die sich auf immer höhere Stufen von Komplexität und Bewusstseinsebene hinbewegt. Jede Entwicklungsstufe ist durch eine spezifische Art des Denkens, Fühlens und Handelns geprägt, die durch eine bestimmte Farbe im Modell repräsentiert wird.

Die acht Entwicklungsstufen in Spiral Dynamics sind:

- Beige/Infrarot: Instinktives Überleben
- Purpur/Magenta: Magisches Denken und Stammesverbundenheit
- Rot: Egozentrisches Denken und Machtstreben

- Blau/Bernstein: Autorität und traditionelle Werte
- Orange: Rationalität und Individualismus
- Grün: Kooperation und Pluralismus
- Gelb: Systemisches Denken und Ganzheitlichkeit
- Türkis/Petrol: Spirituelle Ausrichtung und globaler Wandel

Spiral Dynamics betrachtet diese Stufen nicht als feststehend oder determiniert, sondern als mögliche Entwicklungsmöglichkeiten für Individuen und Gesellschaften. Das Modell betont auch die Bedeutung von sozialen, kulturellen und historischen Einflüssen auf die individuelle und kollektive Entwicklung.

Während die *Quadrantenlehre* eine *horizontale Struktur* offenbart, entwickelt dieses Element der *Ebenen* der integralen Theorie eine *vertikale Leiter*.

2.3.1 Spiral Dynamics

Diese vertikale Leiter ist ein psychologisches Modell, das sowohl die individuelle Psyche als auch die kollektiven Weltbilder ganzer Kulturen umfasst und sich in Abhängigkeit vom kulturellen Kontext des Einzelnen entwickelt. Die meisten Mitglieder einer Gemeinschaft erreichen die Ebene, die auch die Kultur prägt, während einige darunter bleiben und andere sich darüber hinaus entwickeln.

Religionen und ihre Weltanschauungen sind Indikatoren für diese Entwicklungsstufen. Die verschiedenen Ebenen sind aufeinander aufbauende Perspektiven, in denen sich die jeweils folgende aus der vorhergehenden entwickelt und diese einschließt. Die Perspektiven erweitern den Vorstellungshorizont der vorhergehenden Ebenen, ohne das Vorhergehende aus den Augen zu verlieren. Keine der Ebenen kann übersprungen werden, denn jede enthält wichtige Bereiche der Wirklichkeit, deren Wahrnehmung erst auf den jeweiligen Ebenen emergieren.

Jede Ebene hat ihre eigenen Qualitäten und Probleme, die schließlich zur Transformation in die nächste Ebene führen.

Der individuelle Fortschritt von einer Ebene zur nächsten wird durch den sozialen, biologischen, finanziellen und kulturellen Kontext beeinflusst oder sogar bestimmt. In Krisensituationen kann es auch notwendig sein, eine bereits erreichte Stufe wieder zu verlassen und auf eine niedrigere Integrationsstufe zurückzufallen. Da keine Stufe übersprungen werden kann, ergibt sich, dass die niedrigsten Stufen von allen Mitgliedern einer Gesellschaft durchlaufen werden müssen. Je höher die Integrationsstufe, desto weniger Mitglieder der Gesellschaft haben diese Stufe erreicht. Das bedeutet auch, dass sich nicht alle Menschen einer Kultur auf der gleichen Stufe befinden. Das Weltbild einer bestimmten Religion oder Kultur ist daher nur die Durchschnittsperspektive einer Gesellschaft. Aus diesem Grund gibt es Konflikte innerhalb und zwischen den Kulturen.

Kinder und Jugendliche sind in der Regel noch weniger integriert als Erwachsene, aber auch manche Erwachsene bleiben hinter den Möglichkeiten ihrer Kultur zurück. Gleichzeitig gibt es aber auch wenige Erwachsene, deren Perspektive weit über dem Durchschnitt liegt. Kein Mensch ist jedoch nur auf einer Ebene zu Hause. Verschiedene Funktionen der Psyche können bei einem Menschen auf verschiedenen Ebenen angesiedelt sein, und ihre Manifestationen können je nach Situation variieren. In der individuellen Psyche wie auch in der Kultur sind alle bereits entwickelten Ebenen immer unterschiedlich, aber gleichzeitig vorhanden. Der Mainstream repräsentiert die ideologische, moralische und politische Mitte der Gesellschaft.

In unseren westlichen Gesellschaften befinden wir uns im Durchschnitt auf Stufe fünf, der rationalen Stufe, der Stufe des wissenschaftlichen Weltbildes. Es gibt jedoch noch viele Menschen, die sich auf Stufe vier, der mythischen Weltsicht, befinden, und einige, die sich bereits auf Stufe sechs, der pluralistisch-antihierarchisch-konstruktivistischen Weltsicht, befinden. Um die vertikale Leiter besser zu verstehen, müssen wir jedoch am Anfang beginnen.

2.3.2 Psyche und Weltsicht

Niveaus sind also Entwicklungsstufen auf unterschiedlichen Höhen. Wobei «Höhe» keine Wertung im Sinne von ‚je höher, desto besser' ist, sondern lediglich einen Entwicklungsstand kennzeichnet, der eine gewisse Komplexität und eine Anzahl unterschiedlicher Perspektiven beinhaltet. Die Höhe einer Entwicklungsstufe muss der Höhe des Kontextes entsprechen, in dem sich die Person befindet. Wenn jemand, der bereits eine hohe spirituelle Entwicklungsstufe erreicht hat, auf einer einsamen Insel strandet, muss auch er sich auf eine Stufe begeben, die seinem Körper das Überleben ermöglicht.

In der integralen Theorie werden den einzelnen Stufen teilweise andere Farben als in Spiral Dynamics zugeordnet. Ich verwende diese. Es beginnt mit Infrarot, geht über Magenta zu Rot, über Bernstein zu Orange und so weiter. Bei der detaillierten Erläuterung der einzelnen Ebenen gehe ich wie folgt vor:

- Zunächst gebe ich eine *allgemeine Beschreibung* der Ebene.

- Dann werde ich kurz auf die *entwicklungspsychologischen Erscheinung* eingehen.

- Als dritten Punkt werde ich die *Perspektive* erläutern, die zur Horizonterweiterung führt.

- Dann beschreibe ich das *Weltbild*, das aus dieser Perspektive entsteht.

- Ab der dritten Ebene kommt es auch zur so genannten *Prä-Trans-Verwechslung*. Dieser Begriff bezeichnet den Blick von Menschen auf höher entwickelte Ebenen, die sie selbst noch nicht erreicht haben und deren Implikationen sie sich daher nicht vorstellen können. Aufgrund dieses Mangels wird angenommen, dass der andere auf eine niedrigere Stufe zurückgefallen sein muss. Die Trans-Stufe wird also als Vorstufe der eigenen Entwicklung interpretiert. Dies ist auch deshalb naheliegend, weil – wie wir sehen werden – jede Trans-Stufe in einigen Auswirkungen der Prä-Stufe ähnelt. Wenn also jemand auf Stufe drei einen anderen auf Stufe vier beobachtet, hat er automatisch den Eindruck, dieser sei auf Stufe zwei. Dieses implizite Missverständnis zwischen den Stufen führt zu vielen unlösbaren Konflikten.

Ich werde daher für jede Ebene die Art der Prä-Trans-Verwechslung beschreiben.

- Dieser Mangel an Vorstellungskraft für die höheren Entwicklungsstufen hat noch eine zweite Auswirkung: Es gibt zwei *Pathologien des Übergangs*, d.h. der Transformation von einer Stufe zur nächsten. Die erste Transformationspathologie ist die Entwicklungsabwehr. Man weigert sich, die eigene Entwicklungsstufe zu verlassen. Dies ist vergleichbar mit einem Jugendlichen oder jungen Erwachsenen, der die Abhängigkeit von den Eltern nicht aufgeben will, sich also der «natürlichen pubertären Rebellion» verweigert. Die zweite Pathologie der Transformation ist die hartnäckige Ablehnung der Ebene, die man gerade verlassen hat, und die Unfähigkeit, die emergenten Qualitäten dieser Ebene zu integrieren. Dies ist vergleichbar mit einem Erwachsenen, der sein Leben lang in der pubertären Rebellion gefangen bleibt und sich immer wieder gegen Autoritäten auflehnt, weil diese für ihn die Eltern repräsentieren.

- Gerade wenn man in der zweiten Pathologie der Transformation gefangen bleibt, kommt es zu einem *Mean-Meme*, d.h. zu einem pathologischen Ausdruck der spezifischen Emergenz, der evolvierten Qualität der Entwicklungsstufe. Dieses Mean-Meme verhindert dann die weitere Entwicklung zu höheren Stufen.

- Die jeweils neu entstandene Qualität kann aber auch immer wieder durch kontextuelle Einflüsse gefährdet werden, was eine *Regression* auf niedrigere Stufen zur Folge hat. Auch dies wird für jede Ebene kurz analysiert.

- Schließlich wird untersucht, wie sich aus jeder gesunden Stufe eine beginnende *Transformation* entwickelt, was sie antreibt und welche Veränderungen sie mit sich bringt. Wir werden den Stufen vier, fünf und sechs mehr Raum geben müssen, weil sie die Hauptstufen der Gegenwart sind. Auf sie haben wir auch historisch den besten Blick.

2.3.3 Level 1 – Infrarot

Allgemeine Beschreibung

Es gibt eine Korrelation zwischen Bewusstsein und der Komplexität der Materie, in der es auftritt. Wie auch immer man sich das Verhältnis von Materie und Geist vorstellt, man kommt nicht an der Tatsache vorbei, dass der bewusste Geist mit der Komplexität des Gehirns korreliert. Insofern kann man davon ausgehen, dass eine Form des Bewusstseins, die es verdient, so genannt zu werden – «bewusst sein» -, erst mit den Tieren begann, die ein Nervensystem zur Informationsverarbeitung entwickelt hatten. Aus diesen Tieren entwickelten sich die Säugetiere und später der Mensch. Die erste Stufe des Bewusstseins, die sich entwickelte, war also das Bewusstsein, das das Überleben ermöglichte. Das Erleben von Lust und Schmerz, von Bedürfnissen und deren Befriedigung. Dabei werden instinktive Reflexe und erlernte Verhaltensmuster eingesetzt, um das Überleben zu sichern. Säuglinge leben in dieser archaisch-instinktiven Welt und ihre Ausdrucksweise beschränkt sich auf Schreien bei Schmerz und unbefriedigten Bedürfnissen und auf Lachen bei Lust und Bedürfnisbefriedigung. Wenn sie nicht schlafen, verbringen Säuglinge die meiste Zeit damit, die Welt wahrzunehmen.

Entwicklungspsychologische Erscheinung

Das Individuum wird mit einem zunächst unreflektierten Strom von Wahrnehmungen konfrontiert. Wahrnehmungen tauchen auf und verschwinden wieder. Manche sind angenehm, manche unangenehm. Manche sind veränderbar, andere nicht. Die unbewusste Steuerungsinstanz versucht instinktiv, die unangenehmen Erfahrungen zu vermeiden und die angenehmen zu vermehren. Mit der Zeit kristallisiert sich ein Unterschied heraus. Die Steuerung reflektiert die Phänomene und teilt sie in direkt steuerbare, indirekt steuerbare und unveränderbare Wahrnehmungen ein. Damit ist die Welt aber noch nicht von den eigenen Wahrnehmungen und deren automatischer Einordnung nach Bedürfnissen unterschieden.

Perspektive

Die Perspektive dieser Ebene konzentriert sich auf die unreflektierte Einheit der Wahrnehmung.

Weltbild

Die natürliche philosophische Position der Infrarot-Ebene ist die des naiven Realismus. Das heißt, wir glauben, dass die Welt so ist, wie wir sie wahrnehmen, einschließlich unserer Bedürfnisse und Wünsche, Ängste, Vorlieben und Abneigungen. Wir hinterfragen unsere Wahrnehmung nicht. Wahrnehmung und Welt sind eins. Das Individuum ist mit dem Überleben beschäftigt. Nahrung, Wasser, Wärme, Sex und Sicherheit vor Feinden. Das sind die Prioritäten, mit denen sich die Psyche beschäftigt und die die Gemeinschaft organisieren. Fragen nach dem Ursprung und der Kontinuität des Bewusstseins werden noch nicht gestellt.

Dies ist die Ebene der reinen Kontinuität; so waren wir am Anfang der Menschheit und so sind wir, wenn wir geboren werden. Gewohnheiten und Instinkte dienen dem reinen Überleben. Ein erkennbares Selbst ist noch nicht erwacht. Die Aufmerksamkeit ist auf den undifferenzierten Wahrnehmungsstrom gerichtet. Der Mensch bildet ‚Überlebensgruppen', um das Leben zu erhalten und weiterzugeben. Bei Lebensgefahr, Krankheit, Depression, Naturkatastrophen, Krieg und Völkermord drängen diese Instinkte (als Zustände) wieder an die Oberfläche. Die Alternative heißt: Überleben oder Sterben. Diese Ebene ist rein unbewusst körperlich-egoistisch.

Historisch gesehen spielte diese Form des Weltbildes von den Anfängen der Menschheit bis vor ca. 60.000 bis 50.000 Jahren die entscheidende Rolle.

Regression

Auf diese Stufe fällt man zurück, wenn man nicht selbstständig überleben kann. Es besteht die Notwendigkeit, versorgt zu werden. Eine Katastrophe oder eine Krankheit erschweren die Selbstversorgung und Hilfe von außen ist notwendig, um zu überleben.

Transformation

Aber die Gemeinschaft mit anderen Menschen, der soziale Kontakt, die Kommunikation erzwingen eine Differenzierung des Wahrnehmungsstroms. Die Vorstellung, die Welt zur Befriedigung der eigenen Bedürfnisse nutzen zu können, erzeugt im einheitlichen Strom der Sinneseindrücke eine Dissonanz, die das Individuum von der Welt trennt. Der Mensch lernt, dass er strategisch vorgehen muss, wenn er die Welt so manipulieren will, dass sie seine Bedürfnisse befriedigt. Dies spaltet einerseits den Wahrnehmungsstrom in ein Selbst und ein Gegenüber und erfordert andererseits eine empathische Vorstellung vom Innenleben dieses Gegenübers. Wie muss ich sein, um in meinem Gegenüber die Absicht zu wecken, meine Bedürfnisse zu befriedigen? Die unbewusste Ahnung des Bewusstseins in sich selbst wird durch die Spaltung der Welt in Subjekt und Objekt zur Ahnung des Bewusstseins in der Welt und führt zu einer Transformation des Bewusstseins auf der zweiten Stufe.

2.3.4 Level 2 – Magenta

Allgemeine Beschreibung

Mit der Entwicklung der Sprache entwickelte sich auch das Innenleben der Menschen. Worte waren Magie, weil sie die Gegenstände, die sie bezeichneten, in der Vorstellung hervorrufen konnten. Wenn jemand «Baum» sagte, erschien der Baum im Kopf des Menschen, als ob der Sinneseindruck eines Baumes dieses Bild hervorrufen würde. Gedanken und die daraus resultierende Sprache manipulieren die Wirklichkeit. Der subjektive Wille scheint die Welt zu erschaffen. Mit dieser Übertragung der Vorstellung vom Innenleben auf die gesamte erlebte Wirklichkeit wird alles magisch-animistisch. Alles, was als begriffliche Einheit gedacht werden kann, ist eine Wesenseinheit. Jedes Naturereignis hat einen Zweck. Es will etwas. Es ist entweder gut oder böse. Intentionalität gilt nicht nur für andere Menschen, sondern für die gesamte Natur. Alles ist beseelt. Das klingt zunächst panpsychisch-holistisch, ist aber im Grunde höchst partikular: Jeder winzige Teil der Wirklichkeit hat seine Seele, aber das Ganze bleibt namenlos. Jede Biegung eines Flusses hat ihren eigenen Namen, aber der Fluss selbst hat keinen. Die beseelten Dinge werden nicht als Einheit gesehen, sondern jedes steht für sich. Das Beseelte hat aber auch nichts Dualistisches. Es gibt nicht einerseits die Dinge und andererseits den Geist, der sie beseelt. Es ist eine Einheit. Der Wahrnehmungsstrom wird in Begriffe zerlegt, und jeder winzige Teil davon hat ein Eigenleben. Alles lebt. Jedes Wort im Inneren wird als ein beseeltes Individuum im Äußeren wahrgenommen: Der Berg, der Wald, die Quelle. Selbst hinter Schicksalsschlägen stehen willentliche Absichten böswilliger Geister, die als unsichtbare Objekte gedeutet werden. Dafür braucht es noch keinen Materie-Geist-Dualismus, denn alles wird in einer Welt gedacht. Auch wenn es eine «Geisterwelt» gibt, so ist sie doch Teil des Diesseits. Im Animismus gibt es kein Jenseits. Die Objekte haben nur eine Innenperspektive, eine Absicht, einen Willen, den man für sich gewinnen oder vor dem man sich schützen muss, um das eigene Überleben bestmöglich zu sichern.

Entwicklungspsychologische Erscheinung

Als Kind erlebt man in dieser Phase alles als lebendig. Man hat unsichtbare Freunde und jede Puppe und jeder Teddybär ist ein bewusster Spielkamerad. Außerdem werden alle Register der Manipulation gezogen, um die eigenen Bedürfnisse befriedigt zu bekommen. Dabei wird auf magische Denkweisen zurückgegriffen. So glaubt man als Kind, die Mathearbeit gut zu bestehen, wenn man vorher auf dem Schulweg nur über jeden zweiten Pflasterstein tritt usw. Aber auch soziale Verantwortung entsteht, weil man weiß, dass die Absichten der Objekte den eigenen entsprechen. Auch die anderen wollen nur ihre Bedürfnisse befriedigt sehen. So ist man empathisch bereit, zusammenzuarbeiten, um eine Win-Win-Situation zu schaffen.

Perspektive

Die Perspektive dieser Ebene konzentriert sich auf willentliche Absichten nach innen und außen. Alles ist geplant, nichts ist zufällig, hinter allem Geschehen wird ein subjektiver Wille vermutet.

Weltbild

Ebene zwei ist die magisch-animistische Ebene der Ahnengeister des Clans. Die Welt hat magische Züge angenommen. Das Bewusstsein sucht eine Ordnung in der Zufälligkeit des Seins und findet sie in der Beseeltheit der Dinge. Dieser Animismus ist eine Übertragung der Ahnung des werdenden Ichs auf die Welt. Alles ist durchdrungen von magischen Geistern. Diese sind entweder gut oder böse, sie suchen die Menschen heim und verteilen Segen oder Fluch. Diese Geister der Dinge, die Willensabsichten der in der Welt wahrgenommenen Begriffseinheiten, bestimmen das Geschehen. Der Glaube an Voodoo, Sippenhaft, Amulette und magisch-ethnischen

Schamanismus ist vorherrschend. Diese Form der Religiosität ist seit ca. 60.000 Jahren weltweit verbreitet und findet sich auch heute noch bei indigenen Stämmen, die mit der modernen Zivilisation kaum in Berührung gekommen sind. Diese Ebene ist das «Wir» in einem sehr engen ethnischen Sinne. Sie ist geprägt von animistischem Denken, von magischen, guten und bösen Geistern, die umherschwirren, um Segen, Fluch und Zauber zu verteilen, die das Leben der Menschen bestimmen. Die Menschen sind in ethnischen Stämmen organisiert, deren Ahnen als Geister weiterleben und den Zusammenhalt des Stammes aufrechterhalten, indem sie den Stamm bestrafen, wenn ein Mitglied die Rituale nicht einhält. Verwandtschaft und Abstammung bestimmen also auch den Erhalt der Macht.

Reste dieses Schamanismus finden sich bis in die Neuzeit auf der ganzen Welt. Die Blütezeit dieses Weltbildes lag allerdings zwischen 50.000 v. Chr. und 5.000 v. Chr.

In der heutigen Welt finden sich Reste dieser Ebene in Gangs und Sportmannschaften, wenn mit Ritualen der Sieg beschworen wird, und in den politischen Strukturen vieler Entwicklungsländer: Verwandtschaft und Abstammung bestimmen die politischen Bindungen.

Mean-Mem

Das Schlechte und Pathologische an dieser Ebene, dem Mean-Meme, ist die mögliche Erstarrung des animistisch-magischen Systems von Tabus, Geboten, Ritualen und magischen Verpflichtungen. Einmal etabliert, wacht die Gemeinschaft unnachgiebig über deren Einhaltung. Zweifelt jemand am Sinn der traditionellen Zeremonien, wird er zum Außenseiter.

Regression

Werden die Funktionen einer bestimmten Stufe durch äußere Einflüsse entzogen, so regrediert das Selbst auf eine niedrigere Stufe, um zu überleben. Zerfällt eine Sippe oder wird sie in Stammeskriegen dezimiert und ihres Territoriums beraubt, so regredieren die einzelnen Mitglieder wieder auf Stufe eins und es geht nur noch um das nackte Überleben.

Transformation

Diese Trennung von der Gemeinschaft, wenn man nicht mehr mit allen Ritualen einverstanden ist, kann zur Regression führen, aber auch – wenn die Versorgung trotzdem stabil genug ist – das Erwachen des Ich-

Bewusstseins fördern, was wiederum die Opposition zu den traditionellen Machtverteilungen und vererbten Hierarchien hervorruft.

Das pathologische Mean-Meme wird zum Transformationsmotor. Damit beginnt die Transformation zu Stufe drei. Das pathologische Mean-Meme wird zum Transformationstreiber.

2.3.5 Level 3 – Rot

Allgemeine Beschreibung

Auf dieser Stufe entsteht zum ersten Mal ein Bewusstsein des eigenen Seins. Aus der Struktur der Jäger und Sammler wird die Struktur der Ackerbauern und Viehzüchter, was die Erkenntnis der Fortpflanzung mit sich bringt. Die göttliche Kraft der Frau, Leben zu gebären, verwandelt sich langsam in die Vorstellung, dass die Frau nur der Acker ist, der den Samen des Mannes nährt. Das ursprüngliche Matriarchat wird in vielen Regionen zum Patriarchat. Was früher als animistische Ahnung auf die ganze Welt übertragen wurde, erscheint nun als bewusste Dichotomie: «Hier bin ich als bewusstes Wesen, dort ist die Welt». Der Mensch löst sich aus der Gruppe. Damit erlebt er auch eine Emanzipation von den Ahnengeistern, glaubt nicht mehr an deren Macht und an die sinn- und ziellose zyklische Wiederkehr des ewig Gleichen. Der individuelle Wille erscheint stärker als der vorgegebene Kreislauf der Ereignisse. Die animistischen, magischen und panpsychischen Geister steigen zu Machtgöttern auf. Wie das Individuum einen Anfang und ein Ende hat, so wird nun auch der Welt ein Anfang und ein Ende zugeschrieben. Erste Schöpfungsmythen entstehen. Die Zeit wird in der Vorstellung weniger zyklisch und linear. Götter und Helden vollbringen Taten, die die Welt für immer verändern. Die Entwicklung der Schrift war entweder Auslöser oder Folge der Entwicklung des «Ich». Sie wurde notwendig, um größere Menschengruppen zu verwalten und die Ernte in einer arbeitsteiligen Gesellschaft administrativ aufzuteilen.

Entwicklungspsychologische Erscheinung

Entwicklungspsychologisch taucht diese Ebene erstmals mit dem Selbsterkennen im Spiegel mit ca. 15 Monaten auf. Sie bildet die Grundlage für Trotzphasen. Später führt sie zur Faszination für Superhelden und kulturpathologisch zur Verherrlichung des Heldentodes.

Perspektive

Jetzt dominiert die Ich-Perspektive, die Perspektive der «ersten Person». Eigentlich kann man erst ab dieser Stufe von einer eigenständigen Perspektive sprechen, das ICH als Ausgangspunkt hat sich erst jetzt entwickelt und rückt in den Mittelpunkt. Erstmals steht die eigene Identität im Mittelpunkt. Das Ich wird der diffusen Sippenidentität gegenübergestellt.

Weltbild

Das unüberschaubare Heer der Naturgeister, das in allem und jedem zu finden ist, konkretisiert und konzentriert sich in wenigen personalisierten Kräften. In vielen Teilen der Welt wandelt sich der Schamanismus vor etwa 5000 Jahren zum Polytheismus: Ägypten, Griechenland, Persien, Indien, bei den Germanen, den slawischen Völkern usw.. Die politische Macht konzentriert sich auf Einzelpersonen wie Pharaonen, Könige und Heerführer. Oft werden Herrscher mit Göttern gleichgesetzt. Hinzu kommen Heldenepen, die selbst mythischen Charakter annehmen. So hat in Griechenland jede seelische Eigenschaft ihren eigenen Gott, die Aggression (Ares), die Liebe (Aphrodite), die Großzügigkeit (Jupiter), die Entsagung (Chronos) ... Deshalb erscheinen die Götter und ihre Geschichten so menschlich. In Ägypten dagegen werden den Menschen göttliche Eigenschaften zugeschrieben und sie in eine Reihe mit den Göttern gestellt, von denen es damals etwa 1500 gab. Die Hauptgötter wiederum repräsentieren Naturphänomene wie Sonne (Re), Nacht (Nut), Wind (Amun), Flut (Hapi), Tod (Anubis) etc. Das Weltbild hinter diesem Polytheismus beschreibt das Leben als Kampf und der Stärkere hat das Recht zur Macht. Aber auch die Pflicht zur Macht, denn diese ist gleichbedeutend mit der Verantwortung für die Schwächeren. Und stärker als alle Menschen sind die Götter. Die Welt ist bevölkert von Wesen, die um Macht kämpfen: Menschen, Dämonen, Götter, Drachen, Bestien, ...

Prä-Trans-Verwechslung

Mit dem Übergang vom Schamanismus zum Polytheismus kommt es zur ersten Prä-Trans-Verwechslung. Menschen, die unter den Paradigmen des Animismus und Schamanismus Ahnenverehrung betreiben und den Zusammenhalt der Sippe feiern, sehen sich plötzlich mit den egoistischen Bestrebungen der egozentrischen dritten Stufe konfrontiert und bekommen automatisch den Eindruck, dass die Protagonisten der Transformation nur noch ihre eigenen Grundbedürfnisse auf Kosten der Gemeinschaft befriedigen wollen. Sie müssen also den Eindruck gewinnen, dass sich ihr Gegenüber auf das Niveau der Stufe eins zurückentwickelt hat.

Erste Pathologie der Transformation

Dies führt zur ersten Pathologie der Transformation von Magenta zu Rot: Sie verweigern dem Egoisten der dritten Ebene die Gefolgschaft und sich selbst die Transformation, d.h. das Verstehen der Erkenntnisse dieser Folgeebene, weil sie sich den Ahnen und ihren zyklischen Gesetzen verpflichtet fühlen. Die erste Pathologie ist immer eine Entwicklungsverweigerung.

Zweite Pathologie der Transformation

Die zweite Pathologie der Transformation ist die Ablehnung der Qualität der verlassenen Ebene nach erfolgreicher Transformation. Die erreichten Qualitäten der gerade verlassenen Stufe werden verleugnet und nicht integriert. In diesem Fall (von Magenta zu Rot) wird der Wert, der durch die Entwicklung von Stufe eins zu Stufe zwei erreicht wurde, nämlich die Erkenntnis der Lebendigkeit der Natur und des Zusammenhalts der Sippe, verleugnet und nicht in das eigene Weltbild integriert. Stattdessen werden diese Ideen als schädlich angesehen, da sie die eigene, gerade vollzogene Transformation gefährden würden, wenn man sie annähme. So entsteht das MeanMem.

Mean-Mem

Wer sich lange gegen die Vorstellung von animistischen Geistern, Ahnen und schamanistischen Ritualen wehren musste, um seine individuelle Identität zu gewinnen und sein «Ich» ausreichend zu stärken, ist oft nicht mehr bereit, die wichtige Funktion des Zusammenhalts der Sippe anzuerkennen. Er wird zum empathielosen Despoten. Und dieser Mangel an Empathie ist auch das Mean-Meme der roten, der dritten Ebene. Konflikte werden nicht mehr magisch gelöst, um die Sippe zu schützen, sondern im Kampf Mann gegen Mann, wenn nötig bis zum Tod.

Regression

Die emergente Qualität der Stufe drei ist die individuelle Identität. Der Verlust dieser Identität, des egoistischen Willens, des stabilen Ichs, führt zur Regression in regressive Verhaltensmuster und Weltbilder der Stufe zwei. Eine vermeintliche oder tatsächliche Bedrohung der eigenen Identität aktiviert auch heute noch diese Regression. Die existenzielle Krise nach dem Ersten Weltkrieg führte bei großen Teilen der Bevölkerung zu einer Regression in die purpurnen Muster einer irrationalen Rassenlehre, die eine Idealisierung der eigenen Art (Sippe) ermöglichte.

Transformation

Das Problem auf Stufe drei ist die Unsicherheit der Machtverhältnisse. Da der Stärkere das Recht auf Macht hat, kommt es immer wieder zu Rivalitäten, die sich in Kämpfen äußern, die die Machtverhältnisse neu regeln. Dadurch wird jede gewachsene soziale Ordnung immer wieder erschüttert. Das Ordnungsgefüge der Gemeinschaft kann sich nicht verfestigen und bietet den Menschen kaum sichere Zukunftsperspektiven. Immer wieder werden neue Loyalitäten eingefordert, alte werden zur Lebensbedrohung. Das bedeutet, dass viele Menschen vom Machtverlust des Herrschers betroffen sind. Empathische Herrscher, die nicht dem Mean-Meme der dritten Ebene verfallen sind, weil sie in der zweiten Pathologie stecken geblieben sind, wünschen sich mehr Sicherheit für alle, für die sie sich verantwortlich fühlen. Deshalb schließen sich Menschen zu alternativen Gemeinschaften zusammen. Es entwickeln sich Ansätze der Stufe vier, indem Strukturen geschaffen werden, die auch für neue Herrscher gelten. Es werden übergeordnete Gesetzmäßigkeiten entwickelt und mythologisch begründet, die auch ein Machtwechsel nicht automatisch ändern kann.

2.3.6 Level 4 – Bernstein

Allgemeine Beschreibung

Das Recht des Stärkeren auf Macht und Einfluss wird in Frage gestellt. Stattdessen etabliert sich eine mythische Ordnungsmacht mit vorgegebenen Strukturen, denen der Mensch mit Tugend und Gewissen, mit Schuld und Sühne zu folgen hat. Auch Herrscher sind davon nicht ausgenommen. In alternativen Gemeinschaften und klösterlichen Verbänden werden die neuen Mythologien entwickelt. Man legt Bibliotheken an und erforscht die Welt in gemeinsamen Diskursen. Statt Macht über Stärke zu definieren, stellt man die Beziehung zum Du in den Vordergrund und versucht, Regeln zu finden, die für alle gelten und die Schwachen schützen.

Entwicklungspsychologische Erscheinung

Entwicklungspsychologisch beginnt diese Stufe in Ansätzen frühestens mit dem vierten Lebensjahr, sicher aber mit der Schulreife mit sechs Jahren – zeitgleich mit dem Zahnwechsel.

Auf Stufe vier findet also die Hinwendung zum «Du» statt. Der Mensch hat nicht mehr nur sein «Ich» und dessen Verwirklichung durch Macht über die Umwelt oder durch Unterwerfung unter ein noch stärkeres «Ich» im Blick, sondern verstärkt das «Du» in der Welt. Die Welt und das Leben in ihr haben ein Ziel, einen höheren Sinn, der über das individuelle Sein hinausgeht, eine Richtung, der man folgen kann. Die Beziehung des «Ich» zur Welt, zu den Mitmenschen, zu einem Gott wird wichtiger als das «Ich» selbst.

Perspektive

Das ist die Perspektive der zweiten Person. Das Ich erhält seinen Sinn erst in der Beziehung zum Du, und die Beziehung wird bewertet, nicht das Individuum. Das Ich ist nicht mehr Selbstzweck, sondern wird erst in der Beziehung zur Welt wertvoll.

Weltbild

Noch einmal werden die Kräfte der Welt auf ihre Essenz konzentriert und verdichtet. Was zuvor von vielen verschiedenen Göttern repräsentiert wurde, kommt nun aus einer einzigen Quelle. Aber diese Quelle ist schwerer zu fassen, sie bedarf eines Mythos, der gedeutet werden muss. Die Götter konnten durch ihre Taten beschrieben werden. Die monotheistische Quelle der Ordnung hingegen entzieht sich dem (an der Gegenstandswelt geschulten) Verstehen. Im Judentum – und damit ursprünglich auch in allen späteren abrahamitischen Religionen – ist es deshalb verboten, den Namen Gottes auszusprechen oder über ein Jenseits zu spekulieren. In China entsteht aus dem Polytheismus (aus einer Verbindung des ursprünglichen Animismus mit den indischen Veden) der Daoismus, in dem das Unnennbare, der Urgrund allen Seins – das Tao – und die Urgegensätze Yin und Yang die Ordnung des Kosmos beschreiben. In Griechenland versuchten die Philosophen, den Urgrund des Seins als eine Uressenz zu fassen, die sie in einem der vier Elemente vermuteten. Platon erklärte es als die Welt der Ideen, während Aristoteles diesen einheitlichen Ursprung in den Dingen selbst verortete, weil er sich an Platons Vorstellung störte, dass die realen Dinge nur fehlerhafte Abbilder der transzendenten Urideen seien. Die Quelle der Ordnung sollte im Pneuma liegen, das später im deutschen Idealismus als Geist bezeichnet wurde. Zur Zeit der griechischen Philosophen war Pneuma jedoch eine Verbindung der Elemente Feuer und Luft und damit etwas ganz Irdisch-Materielles. Es war vergleichbar mit dem hebräischen «Odem Gottes» aus der Schöpfungsgeschichte, der nach Josef Weinrebe eine «Prädestination», eine Art causafinalis oder in mathematischer Sprache einen Attraktor bezeichnet. Also etwas, das einem Ding selbst als Ziel eingeschrieben ist. Nicht etwas Substanzielles, das die Materie belebt, wie es später interpretiert wurde. Die Aufgabe, den leicht verständlichen Polytheismus in eine transzendente Ordnung zu überführen, wird in verschiedenen Regionen der Welt unterschiedlich gelöst. So verdichtet sich in Indien der Polytheismus zum Brahmaismus (Hinduismus), dessen esoterische Ausprägung die Welt als Maja, als von Brahma geträumte Illusion, begreift. Die einzelnen Götter bleiben zwar erhalten, sind aber nur Ausgeburten des Traumes, dessen einzige Quelle das Bewusstsein Brahmas ist. Welt und göttlicher Urgrund bleiben eins. Gesellschaftlich manifestiert sich diese Grundordnung in den sozialen Kasten. Der Buddhismus braucht diese Kasten nicht, weil er als Grundziel die Auflösung des Egos hat, die im Hinduismus erst als Ende des Kreislaufs der Wiedergeburten erscheint.

In den Wurzeln der abendländischen Kulturen scheint es dagegen so, als habe der Gott Abrahams die Welt neben sich und unabhängig von sich geschaffen, als seien Gott und Welt zwei völlig getrennte Dinge. In der späteren christlichen Kultur manifestiert sich die Ordnung im Bild der himmlischen Hierarchie der Engelscharen. Im direkten Gegensatz zum Leitbild der Stufe drei steht das Christentum der Stufe vier, das sich den Armen und Schwachen zuwendet. Anstelle der Helden der Stufe drei werden nun Märtyrer verehrt, die sich für andere und/oder für den Mythos opfern.

Der Islam bindet die gesellschaftliche Ordnung an die Offenbarungen Mohameds, die im Koran zusammengefasst sind.

Bei all diesen Auslagerungen der Quelle allen Seins in einen transzendenten Bereich jenseits der realen Wirklichkeit bleiben aber beide Weltbilder (die Virtualität der Welt als Traum und die Welt als getrennte Schöpfung neben Gott) ontologisch monistisch (und streng genommen auch monotheistisch). Das heißt, es entsteht kein dualistisches Weltbild, in dem die Körper von Seelen beseelt sein müssen. Jesus fährt leiblich in den Himmel auf. Nach drei Tagen wird er leiblich wieder auferstehen. Mohamed reitet von Jerusalem in den Himmel und kehrt von dort ebenfalls leiblich zurück. Das Weiterleben nach dem Tod wird leiblich dargestellt. Am Ende der Zeiten kommt Gott und setzt die Körper der Toten wieder zusammen. Das Totenreich, im Hebräischen «Scheul» genannt, ist zugleich der Abfallhaufen vor der Stadt, auf den man geworfen wird. Es wurde zur christlichen «Hölle», weil der Körper nicht aufersteht, wenn man so gesündigt hat, dass man die Hölle verdient. Auch die Reinkarnation bei Hindus und Buddhisten hat nichts Dualistisches. Die Persönlichkeit ist in der von Brahma erträumten Welt von Gott getrennt und bleibt es durch die Reinkarnationen hindurch. Sie bewegt sich aber immer nur innerhalb des Traumes Brahmas. Die Welt ist eine Einheit. Körper und Geist sind NICHT getrennt.

Dies festzuhalten ist wichtig für das weitere Verständnis der geschichtlichen Entwicklung. Denn die Vorstellung, die dualistische Weltsicht stamme aus den mythisch-monotheistischen Religionen stimmt nicht.

Die Mythologien, die sich aus den Götter- und Heldengeschichten der Roten Ebene ableiten, sind ein theoretisches Konstrukt. Alles entspringt dem Denken und/oder der Offenbarung. Archimedes, der als einziger der griechischen Philosophen praktische Versuche zur Bestimmung des spezifischen Gewichts von Gegenständen durch Flüssigkeitsverdrängung durchführte, wurde dafür aus den Akademien ausgeschlossen. Empirische Forschung galt als unwissenschaftlich. Das Mittel der Wahl war das Gespräch. Philosophische Fragen wurden im Gespräch mit anderen analysiert. Man blieb als «Ich&Du» in Beziehung zur Welt. Die Welt wurde nicht objektiviert, sondern man erlebte sich als beobachtender Zeuge, als untrennbarer Teil des Ganzen, der durch Nachdenken die Welt erkennt.

Dem Ich der dritten Stufe steht auf der vierten Stufe die Hierarchie gegenüber. Das Du wird vor dem Ich (des anderen) geschützt, indem sich beide in eine höhere Ordnung einfügen müssen.

Prä-Trans-Verwechslung

Wenn sich die Menschen in den alternativen Gemeinschaften und Klöstern wieder auf eine Ausrichtung der gesellschaftlichen Organisation konzentrieren, die nicht das Recht des Stärkeren als relevanten Faktor anerkennt, erscheint es den roten Helden und Kriegern und denen, die sich sozialopportunistisch an ihnen orientieren, so, als fielen die Neuen in den Modus des Animismus zurück, in dem man sich auch nicht am Recht des Stärkeren orientierte, sondern an schamanistischen Regeln, die transzendent und unrealistisch «nicht von dieser Welt» erscheinen. Die Prä-Trans-Verwechslung aus der Sicht der roten Ebene sieht so aus: Ebene vier sieht aus Sicht der Ebene drei aus wie Ebene zwei. Die Orientierung der Gesellschaft an Mythen ist für Helden nicht zu unterscheiden von der Orientierung der Gesellschaft an Ahnenordnungen. Das «Du» als neuer, zentraler Fokus wird nicht erkannt und stattdessen in das diffuse «Wir» des Animismus umgedeutet.

Erste Pathologie der Transformation

Die erste Pathologie der Transformation von Rot nach Bernstein ist also die Weigerung, die Beziehung «Ich : Welt» als Fortschritt zu sehen. Sie wird als vermeintlicher Rückschritt bekämpft, um die Freiheit des egoistischen Willens zu erhalten.

Zweite Pathologie der Transformation

Die zweite Pathologie der Transformation von Rot nach Bernstein ist die hartnäckige Ablehnung der Individualität, die als Qualität der dritten Ebene entstanden ist. Dies zeigt sich in vielen Extrempositionen der mythischen Monotheismen, wie Selbstgeißelung, Armutsgelübde, Märtyrertum, alles, was das Individuelle im Individuum zugunsten der Religion und der von ihr umklammerten Gemeinschaft tötet. Die Gemeinschaft ist alles, das Ich nichts.

Mean-Mem

Das Mean-Meme dieser Ebene liegt in der Konzentration auf den transzendenten Mythos, auch wenn dieser im Widerspruch zur Realität steht. Symptomatisch dafür ist das Verhalten der Kleriker, die sich weigerten, durch Galileo Galileis Fernrohr zu schauen, um die Jupitermonde zu beobachten. Jupiter durfte keine Monde haben, weil sich nach ihrer Vorstellung des Mythos alles um die Erde drehen musste. Der sinnstiftende Mythos steht unangreifbar über allem Realen. Im Konfliktfall werden Heere aufgestellt, in denen Individualität bei Todesstrafe verboten ist, weil sie die kollektive Kontrolle der Befehlshaber untergräbt. In streng hierarchischen Strukturen werden Befehle von oben nach unten durchgereicht und die Armee wie ein einziger Organismus gegen den Feind geworfen. Das Du wird nicht mehr geschützt, sondern benutzt.

Regression

Die emergente Qualität dieser vierten Ebene ist die Beziehungsfähigkeit, die sich aus einer traditionellen, am Mythos orientierten Lebensweise ergibt. Die Mitglieder einer Gemeinschaft sorgen füreinander, indem sie sich durch festgelegte Rollenregeln gegenseitig Sicherheit geben, wer sich wie zu verhalten hat. Das schafft Sicherheit. Wird diese Sicherheit gestört, weil der reale Kontext nicht mehr den Strukturen des Mythos entspricht, geht die Beziehungsfähigkeit verloren. Der Mensch regrediert auf Stufe drei und versucht mit den Mitteln dieser Stufe den Mythos zu retten. Das führt nicht nur zu Ehrenmorden, sondern auch zu Terrorismus und Selbstmordattentaten, wie sie nicht nur von Islamisten, sondern auch von fundamentalistischen Christen verübt werden. Der Auftrag zur Nächstenliebe geht in der Regression der Beziehungsfähigkeit verloren. Man versucht, die Gemeinschaft und ihre «Werte» – Stufe vier – zu retten, indem man zum Superhelden – Stufe drei – für diese Gemeinschaft mutiert und in egoistischen Aktionen den «Feind» bekämpft.

Transformation

Die Transformation zur fünften Stufe beginnt mit der Erkenntnis, dass die Realität durchaus vom Mythos abweichen kann. Der Mythos gibt den Menschen Sicherheit, indem er ihre Lebensumstände sicher umklammert. Wenn aber der Kontext nicht mehr dem Mythos entspricht, wird diese Umklammerung klaustrophobisch erlebt und der Wunsch, auszubrechen und sich einer anderen Realität zuzuwenden, wird unbändig.

2.3.7 Level 5 – Orange

Allgemeine Beschreibung

Der Blick auf die Wirklichkeit schärft sich, wenn man die kognitive Dissonanz zwischen mythischer und realer Welt nicht mehr verdrängen kann. Man tritt einen Schritt zurück und betrachtet die Beziehungen zur Welt aus einer gewissen Distanz. Die Dinge werden genau analysiert und in kausalen Zusammenhängen erfasst. Die Welt in ihrem Sein wird als vom Betrachter unabhängig erkannt. Nach der Erfindung des Buchdrucks verbreiten sich abweichende Realitäten viel stärker und der Widerstand gegen die mythische Ordnungsmacht wächst. Sowohl innerhalb der Mythen (Martin Luther) als auch außerhalb (Galilei, Kopernikus, Kepler). Die vorgegebenen Strukturen werden als einengend empfunden und es kommt zu Aufständen wie in Frankreich. Die Vorstellungen von himmlischen Hierarchien durch Klerus und Adel in den weltlichen Gesellschaften geraten überall ins Wanken. Der Mythos wird entlarvt und man spricht von der «Wohnungsnot Gottes», denn die Theologie kann die «Existenz Gottes» für den Normalbürger nur mit den naturwissenschaftlich noch nicht erklärbaren Phänomenen begründen, die immer weniger werden. Das Zeitalter der Moderne entstand aus der optimistischen Idee der Aufklärung: Wir haben die Fähigkeit, eine objektive

Wirklichkeit durch empirische Wissenschaft zu verstehen.

Entwicklungspsychologische Erscheinung

In der Psychologie entspricht diese Entwicklungsphase der Pubertät, in der sich der heranwachsende Mensch gegen die Rollenklischees seiner Herkunftsfamilie wendet, um sich von den familiären Vorgaben zu befreien und sich als eigenständiges Individuum der Welt zuzuwenden.

Perspektive

Die Perspektive des Weltbildes hat sich verändert. Die Beziehung des Menschen zur Welt wird objektiviert. Die Welt scheint ohne den Betrachter zu existieren. Man tritt einen Schritt zurück und betrachtet die Beziehungen zwischen den Dingen von außen. Es ist die Perspektive der dritten Person. Das «Es» tritt in den Blick. Die Welt wird verdinglicht. Die Wissenschaften gewinnen an Bedeutung und ermöglichen eine nie dagewesene Manipulation der Natur. Das führt zur Lösung vieler Probleme. Gesundheit, Wirtschaft, Kultur, soziales Leben, alle Lebensbereiche profitieren. Das moderne technische Zeitalter beginnt. Die Kindersterblichkeit sinkt, Methoden, Therapien und Medikamente gegen Krankheiten werden entdeckt, Maschinen erleichtern die Arbeit, die Produktivität in der Landwirtschaft steigt. Der Wohlstand wächst weltweit (wenn auch sehr unterschiedlich), die Lebenserwartung steigt um sechs Stunden pro Tag, und aus 500 Millionen Menschen werden Mitte des Jahrhunderts voraussichtlich zehn Milliarden. Das alles klingt nach einem schönen Märchen von Wohlstand und Glück. Das rationale Denken der Aufklärung hat uns scheinbar vom Joch der Natur befreit.

Weltbild

Da wir historisch sehr nahe an dieser Zeit sind, können wir den daraus resultierenden Streit um das «richtige» Weltbild gut beobachten. Zuerst wird die Erde aus dem Zentrum des Universums verdrängt und das heliozentrische Weltbild etabliert. Dann erkennt man, dass die Sterne Sonnen sind, und schließlich entpuppen sich die vielen Nebel als eigenständige Galaxien. Doch schon zu Beginn dieser Entwicklung ist klar: «Da oben ist nicht der Himmel. Und unter der Erde ist nicht die Hölle». Beide Sphären werden unweigerlich in eine andere Realität verschoben. Mit der zunehmenden Beschäftigung des Westens mit Hinduismus und Buddhismus, und in diesem Zusammenhang der Idee der Reinkarnation, verfestigt sich die Vorstellung einer immateriellen Welt der Seelen, von Engeln und Dämonen, die neben der materiellen Wirklichkeit existieren, existieren müssen. Das bisherige alchemistische Weltbild, in dem die Materie manipuliert werden musste, um mit der Entstehung der *prima-materia* auch den Geist in höchste Ebenen zu transformieren, weil Materie und Geist keine getrennten Phänomene sind, wurde durch die Experimente der Wissenschaft unglaubwürdig. Mit der Abkehr vom Paradigma der mythischen Welt und dem damit verbundenen Zweifel daran, dass metaphysische Ordnungen durch Offenbarung vermittelte, verbindliche Wahrheiten darstellen, kurz, mit der Einnahme der Perspektive der dritten Person, wurde auch die «Selbstverständlichkeit der Lebendigkeit der Welt» fragwürdig. Der Kosmos wurde zu einem öden Ort, an dem sich nur zufällig eine kleine Oase des Lebens gebildet hatte. Das Ringen um das wahre Weltbild begann.

René Descartes (1596-1650) war der erste, der in seiner Philosophie den Geist vom Körper trennte. Seine Methode, die dem philosophischen Dialog der Antike diametral entgegengesetzt war, mag dabei eine entscheidende Rolle gespielt haben. Denn er sprach nicht mehr (dialogisch) mit einem Gegenüber über die philosophischen Probleme, die ihn beschäftigten, sondern dachte (monologisch) über sie nach. In seinem Buch «Meditationen» fragte er sich, welchen Wahrnehmungen man trauen könne. Jeder Sinneseindruck könne auch eine Täuschung sein. Vielleicht spiele ihm sogar ein allmächtiger Dämon einen Streich und nichts von dem, was er sehe, existiere wirklich. Deshalb müsse er an allem zweifeln. (Ein Gedanke, der in einem dialogischen Austausch mit der wahrgenommenen Wirklichkeit – etwa in Gestalt eines anderen Philosophen – niemals aufkommen könnte). Nur dass er zweifelte, war unzweifelhaft. Wenn jede Wahrnehmung eine Täuschung sein konnte, musste es jemanden geben, der diese Täuschungen wahrnahm und an ihnen zweifelte. Descartes brachte es auf den Punkt, indem er sein Denken zum Beweis seiner eigenen Existenz erklärte: «cogito ergo sum» («Ich denke, also bin ich»). Damit hatte er den Kern seiner Philosophie gefunden und empirisch bewiesen. Denn jeder konnte diesen Beweis in sich selbst mit seinem eigenen Bewusstsein überprüfen. Mit einer kleinen Umformulierung zu «Wahrnehmen also Sein» wäre er auf Stufe fünf, der rationalen Dritte-Person-Perspektive, geblieben und hätte dennoch den Zeugen durch empirisch geprägtes Denken in die Welt gebracht. Aber er war emotional noch zu sehr dem traditionellen Mythos der Stufe vier verhaftet. Der größte Schmerz seines Lebens war der Verlust seiner fünfjährigen Tochter, und so schrieb er an einen Freund: «Wir Menschen sind zu viel größeren Freuden und zu viel größerem Glück geboren, als wir es auf dieser Erde erfahren können. Wir werden einst die Toten wiedersehen, mit der Erinnerung an das Vergangene, denn in uns ist ein geistiges Gedächtnis, das zweifellos unabhängig von unserem Körper ist». Damit identifizierte er den Zeugen mit dem Intellekt, mit dem Denken selbst. Das Wahrnehmungsorgan war für ihn das Denken. Was nicht denken konnte, hatte keine innere Erfahrung. Ganz in christlicher Tradition unterschied er damit den Menschen vom Tier, wie es die Bibelauslegung seiner Zeit nahelegte, denn nur dem Menschen hatte Gott «das Leben eingehaucht». Und da er ausdrücklich an ein Leben nach dem Tod glaubte, identifizierte er das Denken als das, was den Tod überdauert. Damit aber entstand ein Widerspruch zu den empirischen Wissenschaften, den es aufzulösen galt. Sein Streben ging daher immer dahin, einen Gottesbeweis führen zu können, der auch im rational-wissenschaftlichen Zeitalter Bestand hat. Und so verwarf er nun den konsequenten Zweifel an allem, der ihn bis zur Erkenntnis des Zeugen geführt hatte, und baute auf dieser Grundlage sogleich ganz spekulativ diesen erhofften Gottesbeweis auf. Dabei sprach er allem, was nicht denken konnte, die subjektive Existenz ab und unterschied streng zwischen denkender und ausgedehnter Substanz, zwischen Seele, die er mit dem Denken identifizierte, und Körper. Damit war das philosophische Leib-Seele-Problem geboren: Wie steuert Seele/Geist/Denken den Leib/Körper/Materie? Wie verhalten sich Geist und Materie zueinander? Descartes selbst vermutete, dass die Seele über die Zirbeldrüse auf den Körper einwirkt und ihn so steuert.

Aber die wirklichen Probleme des Dualismus sind viel gravierender als nur das Rätsel, wie Körper und Geist zusammenwirken. Plötzlich hatte man sowohl ein Zombie- als auch ein Gespensterproblem: Wenn Geist und Materie so wenig miteinander zu tun haben, könnte es Körper geben, die keine Seele haben (Zombies, für die er auch Tiere hielt) und Seelen, die keinen Körper haben (Gespenster, Engel, Dämonen). Bis heute wirkt sein Einfluss auf das Weltbild der Moderne in beide Richtungen, und niemand scheint sich daran zu stören, dass Descartes, nachdem er in seinen Überlegungen philosophisch völlig korrekt und konsequent den Zeugen gefunden hatte, auf höchst spekulative und philosophisch absolut unredliche Weise zu seinem Dualismus gelangte.

Als Weiterentwicklung der Grundgedanken von Descartes, aber auch als direkte Reaktion auf dessen unredlichen Dualismus (und als Gegenposition zu den abrahamitischen Religionen mit ihrem Gott-Welt-Dualismus) entwickelte Baruch de Spinoza (1632-1677) seine Philosophie des Pantheismus. In seiner Theorie holte er Gott in den Kosmos zurück und behauptete, Gott sei die einzige, unendliche und beständige Substanz. Alles sei Gott und daher gebe es keine Trennung zwischen Materie und Geist. Die Grundlage des Pantheismus war: «Alles ist von Gott verursacht und in Gott. Die Materie ist ebenso ein Teil Gottes wie der Geist. Das Bewusstsein nimmt verschiedene Eigenschaften dieser einheitlichen Substanz wahr. Zwei dieser Eigenschaften sind Ausdehnung (Materie/Raum) und Denken (Geist)». Damit waren beide

Seiten des Descartes'schen Dualismus benannt, der Gegensatz zwischen Geist und Materie aber insofern entschärft, als sie lediglich als verschiedene Attribute einer einheitlichen Substanz betrachtet wurden. Spinoza wandelte den Dualismus in einen Monismus um. Da Geist und Materie nicht mehr als gegensätzliche Substanzen betrachtet wurden, bedurfte es auch keiner Wechselwirkung mehr, die es dem Geist ermöglichte, die Materie zu beherrschen. Damit war auch das Problem der Zombies und Gespenster gelöst. Schließlich besagte der Monismus, dass sich jede Idee im Bereich des Göttlichen zugleich in der Materie verkörpert. Im Prinzip hatte Spinoza den Grundgedanken des «hinduistischen Monotheismus», den «phänomenologischen Dualismus», wiederentdeckt.

Die mechanische Kausalität der Materie, der empirisch nachweisbare Zusammenhang von Ursache und Wirkung, ergab sich in dieser pantheistischen Theorie zwingend aus dem geistigen Prinzip, dass es keinen Willen ohne Motiv gibt. Ursache und Wirkung waren nur die äußeren Erscheinungen dieser phänomenologischen Intentionen. Da aber die materielle Welt zu dieser Zeit als absolut mechanistisch, also einem strikten Determinismus folgend, angesehen wurde, erwies sich die Willensfreiheit – im Rückschluss auf Spinozas monistisches Weltbild – als Illusion. Nicht einmal Gott habe die Freiheit, die Welt zu erschaffen oder zu zerstören. Dies blieb für viele unbefriedigend.

Immanuel Kant (1784-1804) nahm Descartes‘ Wahrnehmungskritik zum Anlass, das Verhältnis von Wahrnehmung und Wirklichkeit neu zu hinterfragen, verzichtete dabei aber auf den spekulativen Gottesbeweis seines Vorgängers und kam zu einem viel radikaleren Ergebnis: Das Ich muss nicht nur davon ausgehen, dass jede Wahrnehmung eine Täuschung sein könnte, es kann auch nie wissen, wie viel von seiner Wahrnehmung einer dahinter liegenden Wirklichkeit entspricht.

Kant unterschied zwischen den sinnlichen Erscheinungen der Dinge und der Kategorisierung dieser Erscheinungen durch den Verstand. Die Erscheinungen sind demnach keine bloßen Abbilder der äußeren Gegenstände. Vielmehr ging Kant von einem «Ding an sich» aus, das im Subjekt als geistige Vorstellung zum (scheinbaren) Gegenstand wird. Was dieses «Ding an sich» wirklich ist, können wir nie wissen, denn jede Wahrnehmung ist bereits eine Einordnung durch den Verstand. Auch Raum und Zeit waren für ihn «reine Anschauungen» des Subjekts, notwendig, um die Erscheinungen untereinander zu ordnen. Ob es Raum und Zeit in der Wirklichkeit, in die wir als Subjekte hineingestellt sind, überhaupt gibt, lässt sich dagegen nicht sagen. Denn jede Wahrnehmung ist ein durch den Verstand gefiltertes, kategorisiertes und damit möglicherweise verzerrtes Abbild eines «Dings an sich» als «Objekt im Geiste des Subjekts». Was wir in der Welt grundsätzlich erkennen, sind also die Regeln, nach denen unser Verstand arbeitet, nicht aber die Welt selbst. Kant selbst nannte diese Veränderung des Weltbildes die «kopernikanische Wende der Philosophie». Er bezog sich darauf, dass Kopernikus die scheinbare Bewegung der Planeten und Sterne durch die Eigenbewegung der Erde um sich selbst und um die Sonne erklären konnte. Ebenso habe er, Kant, das Verhältnis des Subjekts zur Außenwelt verändert, indem er gezeigt habe, dass der Mensch in seinem Geist nur die Vorstellung der Außenwelt vorfinde, wie sie ihm von seinem Verstand präsentiert werde. Wie diese Außenwelt aber tatsächlich beschaffen ist, muss ihm für immer verschlossen bleiben. Er kann nicht wissen, ob es so etwas wie Raum und Zeit gibt. Der Mensch braucht aber die Kategorien von Raum und Zeit, um seine Wahrnehmungen zu ordnen und ihnen einen Sinn zu geben.

Die materielle Welt – soweit sie überhaupt existiert – entzieht sich damit unserem Zugriff. Alles, was wir haben, sind unsere Wahrnehmungen, also die Inhalte unseres Geistes.

Der Versuch, die Objektivierung der Wirklichkeit durch das Denken der Stufe 5 auf die Beziehungsebene der Stufe 4 zurückzuführen, führt zum Verschwinden der Wirklichkeit. Die Vorstellung, ein objektiver Beobachter in der Welt zu sein, wirft die Frage nach dem Verhältnis des objektiven Beobachters zur Welt auf. Dies führt zwangsläufig zu Irritationen und in der Folge zur Entwicklung des Deutschen Idealismus.

Johann Gottlieb Fichte (1762-1814) greift Kants Gedanken auf und radikalisiert sie: Wenn man das «Ding an sich» nicht erkennen kann, dann gibt es dieses Unerkennbare überhaupt nicht. Später gingen Niels Bohr und Werner Heisenberg in der Kopenhagener Deutung der Quantenmechanik einen ähnlichen Weg. Wobei Heisenberg eher die Position Kants vertrat («Wir wissen es nicht, weil wir es nicht messen können»), während Bohr eher die Position Fichtes einnahm («Wir wissen es nicht, weil es nichts zu wissen gibt»). Nach der Eliminierung des Kantschen «Dings an sich» ist das Ich das einzig Reale. Das Ich ist absolut. Damit begründete er den subjektiven Idealismus: Alles hat seinen Ursprung im Ich:

«Das Ich setzt sich, und es ist, vermöge dieses bloßen Setzens durch sich; und umgekehrt: Das Ich ist, und es setzt sein Sein, vermöge seines bloßen Seins. – Es ist zugleich der Handelnde und das Produkt der Handlung; das Tätige und das durch das Tätigsein Hervorgebrachte; Handlung und Tat sind ein und dasselbe; und daher ist das: Ich bin, Ausdruck einer Tathandlung.» Was diese Philosophie aber nicht erklären konnte, war, wie es zu einer Welt kommt, die das Ich wahrnehmen kann, wenn es doch nur das Ich gibt.

Friedrich Wilhelm Josef Ritter von Schelling (1774-1854) versuchte diese Lücke zu schließen, indem er das Ich nicht absolut setzte, sondern die Welt mit dem Ich identifizierte. Fichte verstand das Ich als individuelle Grundlage des persönlichen Bewusstseins. Schelling hingegen sah das Ich als etwas Absolutes, das sich in einen unbewussten Teil – die Natur – und einen bewussten Teil – das Ich – aufspaltet. Beide Teile sind jedoch in ihrer Wurzel identisch. Damit begründete Schelling den objektiven Idealismus. Das Problem war jedoch, dass auch diese Philosophie nicht erklären konnte, wie das absolute Ich seine statische Position verlassen kann. Wie beginnt etwas zu geschehen? Was bewirkt den Beginn des Weltprozesses und die Trennung von bewusstem und unbewusstem Ich?

Georg Wilhelm Friedrich Hegel (1770-1831) erweiterte den objektiven Idealismus Schellings um die dynamische Komponente des Dreischritts (These-Antithese-Synthese) zum dialektischen Idealismus. Er verstand darunter nicht nur ein Erklärungsprinzip, sondern das konstituierende Prinzip der Dinge selbst. Die unendliche Vernunft spaltet sich immer wieder auf und vereinigt sich in einem unendlichen Prozess im Akt der Synthese der Gegensätze wieder mit sich selbst. Der Geist gerät in Widerspruch zu sich selbst und bringt so den

Prozess der objektiven Wirklichkeit hervor. Der Weltgeist entfaltet sich also vor unseren Augen in den Gesetzen der Geschichte. Eine Konsequenz dieser Philosophie war für Hegel: «Das Bewusstsein bestimmt das Sein». Damit wurde er zum Vorläufer der esoterischen «Positiv-Denken-Bewegung» der Neuzeit.

Im Grunde entstanden die Probleme, mit denen sich die Philosophen des deutschen Idealismus herumschlugen, aus dem Rückzug des Menschen aus seiner Beziehung zur Welt, wie sie bis zum vierten Level bestanden. Die Objektivierung löste den Beobachter aus der Welt und hinterließ die tote Materie und zugleich die Frage, in welcher Beziehung der beobachtende Geist des Menschen zu dieser Materie stand. Diese Frage blieb unbeantwortet. Folgerichtig entstand der Materialismus. Gerade die Komponente der Hegelschen Philosophie, dass das Bewusstsein das Sein bestimmt, störte seinen Schüler Karl Marx (1818 – 1883) angesichts der ausgemergelten und hungernden Arbeitermassen. Wie könne man vor diesen armen Menschen behaupten, dass allein das Bewusstsein das Sein bestimme? Die Lage der Proletarier zur Zeit der Industriellen Revolution war so prekär, dass Hegels Universitätsphilosophie auf Marx nur zynisch wirken konnte. Deshalb drehte er den Satz um in «Das Sein bestimmt das Bewusstsein» und meinte, damit Hegel «vom Kopf auf die Füße gestellt» zu haben. Damit begründete er den dialektischen Materialismus. Die Welt erklärt sich aus ihrer materiellen Existenz und Entwicklung, nicht als Verwirklichung einer göttlichen Idee oder des menschlichen Denkens. Die objektive Realität existiert außerhalb und unabhängig vom menschlichen Bewusstsein. Die Materie wird zur Ursache von allem erklärt, und nur das Gesetz der Kausalität von Ursache und Wirkung formt den materiellen Kosmos, wie er sich uns präsentiert.

Der Rückzug des Beobachters aus der Beziehung zur Welt war vollzogen. Die Erfolge von Wissenschaft und Technik kamen dieser Philosophie schließlich entgegen, und im Gegensatz zu den sozialen und gesellschaftlichen Ideen von Marx wurde seine materialistische Philosophie bald allgemein anerkannt. Aus dem historischen, ökonomischen oder auch dialektischen Materialismus von Karl Marx wurde schließlich der erkenntnistheoretische Materialismus, der allein die Materie als existent anerkennt. Auch Gedanken sind bewegte Materie. Alles Immaterielle wie Ideen, Seele oder Gott ist experimentell nicht nachweisbar, existiert also nicht. Es ist – wie der Philosoph Pierre-Simon Marquis de Laplace sagt – eine Hypothese, die man nicht mehr braucht.

Das Ergebnis ist ein mechanistisches Weltbild, das den freien Willen des Menschen leugnet und später über Determinismus und Darwinismus nur noch mehr von jener Ausbeutung hervorbringt, die Marx ursprünglich beenden wollte.

Aber diese leblose Deutung der Welt war für einen beobachtenden Geist natürlich keineswegs befriedigend. Denn wenn etwas zweifelsfrei feststellbar ist, dann ist es die Existenz des Zeugen, wie schon Rene Descartes sagte: «Ich denke, also bin ich». Oder etwas weiter gefasst: «Erleben, also Sein».

Deshalb hatte der Dualismus eine unwiderstehliche Anziehungskraft. Als Hegel seinen dialektischen Idealismus entwarf, griff er auf den griechischen Begriff «pneuma» zurück (der mit den ersten Übersetzungen der Briefe des Apostels Paulus als «Geist» ins Lateinische eingeführt wurde und mit «Hauch», «Atem» übersetzt werden kann), der als Verbindung der Grundelemente Luft und Feuer die Lebenskraft in allen Dingen bezeichnete und als warmer Wind oder Hauch imaginiert wurde. Hegel übernahm den von Johann Gottfried Herder geprägten Begriff «Geist» (Singular) und meinte damit eine «Strömung», die er als Weltgeist, Zeitgeist oder Volksgeist («Esprit») verstanden wissen wollte. Etwas, das er begrifflich nicht anders fassen konnte, weil es eine kollektive Gemeinsamkeit von Eigenschaften darstellte, die materiell als Gegenstand nicht vorhanden war. Als Plural «Geister» wurde er dann im aufkommenden Spiritismus für eine «feinstoffliche Person» verwendet, einen Toten, der sich von seinem Körper gelöst hatte. Denn «der Geist stirbt nicht mit dem Körper».

Die Trennung der materiellen Welt vom subjektiven Beobachter führte – wie schon in der Vorstellungswelt von René Descartes – als Gegenbewegung zu der Vorstellung, dass es neben dieser toten Welt der Materie die lebendige Welt der Geister geben müsse. Aus diesem neuen Paradigma heraus interpretierte man die Mythen der Religionen neu und entdeckte scheinbar in allen Überlieferungen diese «spirituelle Welt» des Geistigen. Bei den Juden hieß sie «Ruach», bei den Chinesen «Qi», bei den Indern «Prana», «Atman» oder «Akasha» und bei den christlichen Mystikern «Atemseele». Dass die dualistische Deutung dieser Begriffe mehr hinein- als herausgelesen wurde, wurde nicht erkannt. Es lag nahe, dass man nun versuchte, mit den Toten zu sprechen. Mitte des 19. Jahrhunderts begann der Boom der spiritistischen Sitzungen. Im Jahr 1855 sollen bereits über eine Million Amerikaner von der Realität der Geisterbeschwörung überzeugt gewesen sein. Auch Wissenschaftler begannen, diese Ideen aufzugreifen und mit Naturgesetzen höherer Dimensionen zu erklären.

Doch den Varietézauberern und Illusionisten waren die spiritistischen Veranstaltungen als Konkurrenz ein Dorn im Auge und sie begannen, die Tricks der Geisterbeschwörer aufzudecken. Nachdem auch die Ikone des Spiritismus, Margaret Fox, die zusammen mit ihrer Schwester den Beginn des Booms ausgelöst hatte, öffentliche Vorträge über ihre Betrügereien hielt, legte sich der Hype. Auch weil immer mehr Sitzungen auf Jahrmärkten als Show abgehalten wurden, was dem Ansehen der Sache schadete.

Charakteristisch für das Weltbild des Spiritismus war die Vorstellung, dass die menschliche Seele nach dem Tod weiterexistiert und dass es möglich ist, mit Hilfe von Medien Kontakt zu diesen Seelen aufzunehmen. Die Welt der Verstorbenen war der diesseitigen Welt sehr ähnlich, nur «besser». Man glaubte auch, die Existenz von Geistern mit naturwissenschaftlichen Methoden nachweisen zu können. Tatsächlich war das Geistige nur dem Namen nach geistig, denn es war der Vorstellung nach sehr materiell, nur «in einer anderen Dimension» oder «feinstofflicher» oder eine «Materie mit höherer Schwingungsfrequenz».

Wissenschaftlich wurden diese Vorstellungen bald verworfen, aber in der Esoterik blieben sie wirksam, auch durch spirituelle Strömungen wie Theosophie und Anthroposophie, die aus dem Spiritismus hervorgingen. Noch heute glauben viele, Spiritualität sei die Vorstellung dieser dualistischen Weltaufteilung in Materie und Geist, und diese Aufteilung sei Bestandteil aller Religionen. Wenig bekannt ist, dass diese Vorstellung als Gegenbewegung zum Materialismus NACH der Transformation von Stufe vier des mythischen Bewusstseins zu Stufe 5 des rationalen Bewusstseins entstand. Der Spiritismus entstand aus derselben Illusion der rationalen Ebene wie der Materialismus. Spiritismus und Materialismus sind zwei Seiten ein und derselben Medaille. Der Materialismus ist nur ein Dualismus, der auf einem Auge blind geworden ist. Dennoch bestimmt er den heutigen Zeitgeist, und viele halten die Spannung zwischen dem Rationalismus der fünften Stufe der Wissenschaften und dem Mystizismus der vierten Stufe in ihrem Inneren aufrecht. Gerade in den USA, dem Vorzeigeland westlicher Kultur und Weltanschauung, ist wissenschaftlich-rational UND christlich-religiös zu sein die Norm und reiner Level-5-Atheismus/Agnostizismus der Extremfall.

Moderne Neurobiologen wie Wolf Singer (1943-) und Gerhard Roth (1942-) gehen davon aus, dass alle unsere geistigen Prozesse auf bestimmte Vorgänge im Gehirn zurückzuführen sind. Bald wird es möglich sein, durch eine genaue Analyse der neuronalen Zustände im Gehirn auch Einblicke in den Geist zu gewinnen. Alles, was in unserem Gehirn geschieht und unser Verhalten steuert, ist kausal lückenlos erklärbar. Es geht um Gehirnchemie und neurobiologische Aktivitäten. Von dieser These sind auch viele Vertreter des Transhumanismus überzeugt. Es gibt keine Stelle im System, die einen Beobachter benötigt. Die Tatsache, dass wir unser eigenes Verhalten bewusst erleben, scheint daher völlig irrelevant zu sein. Einige Forscher sind daher zu der Auffassung gelangt, dass der Geist, das subjektive Erleben, das Ich, nur eine Illusion ist. Eine Fata Morgana, die nur notwendig ist, um das System am Laufen zu halten. Welches Weltbild hätten wir wohl entwickelt, wenn René Descartes nicht den Dualismus erfunden hätte?

Prä-Trans-Verwechslung

Wer in der Vorstellung mythologischer Hierarchien verhaftet ist, dem erscheint die Vorstellung, dass jemand in der sozialen Hierarchie aufsteigt und mehr zu sagen hat, weil er einen objektiven Blick auf die Welt hat, wie eine Rückkehr zur Macht des Stärkeren. Jetzt ist es nur noch der – scheinbar – intellektuell Stärkere. Gewachsene Strukturen, traditionelle Hierarchien und alte Autoritäten werden plötzlich in Frage gestellt. Nicht mehr die Position in der Hierarchie bestimmt, wer Recht hat, sondern das bessere, rationalere, logischere Argument. Die Machtverteilung wird wieder unsicherer, weil Autorität und Wahrheit nicht mehr als grundsätzlich identisch angesehen werden. Die Prä-Trans-Verwechslung führt dazu, dass Menschen auf Stufe vier beim Anblick von Menschen auf Stufe fünf eine Regression auf Stufe drei vermuten.

Erste Pathologie der Transformation

Die erste Pathologie der Transformation von Bernstein zu Orange ist die Weigerung, die Sicherheit der sozialen Hierarchie aufzugeben. Man kennt die Regeln, man kennt die Rollen, man weiß, wie man sich wem gegenüber zu verhalten hat. Die Menschen sind in Kasten, Gilden, Geschlechter, militärische Hierarchien eingeteilt, und jeder kennt die Konventionen und Normen. Und dann kommt jemand und stellt diese ewig gültigen autoritären Strukturen in Frage. Es ist wie früher, als die Alten von den Jungen herausgefordert wurden, ihre Macht abzugeben, weil sie nicht mehr stark genug waren. Das stellt alles Gewohnte auf den Kopf. Diese Umkehrung gefährdet die Stabilität der Gesellschaft.

Zweite Pathologie der Transformation

Die zweite Pathologie der Transformation von Bernstein zu Orange ist die Weigerung, nach der Transformation die Qualitäten der vierten Stufe wie Fürsorge und soziale Sicherheit zu integrieren. Stattdessen wird alles Mythologische als eine Form der Unterdrückung angesehen. Religion als «Opium für's Volk», nur erfunden, um die Massen zu lenken. Man kann sich keine andere Denkweise vorstellen als die eigene, und die ist rational, berechnend, pragmatisch. So wirft man auch den Vorfahren vor, die Religionen ganz pragmatisch aus machtpolitischen Gründen erfunden zu haben. Man selbst ist militanter Atheist, Pragmatiker und Rationalist. In der missionarischen Verbreitung des Materialismus sieht man sich als Befreier der unterdrückten und belogenen Massen. Doch mit der Beseitigung aller Mythen und der Suche nach der Weltformel als rationaler und letztgültiger Erklärung für alles wird die Aufklärung selbst zum dogmatischen Mythos und Atheismus zur neuen Religion.

Mean-Mem

Das Mean-Meme der fünften Stufe ist der Reduktionismus. Alles, was nicht wissenschaftlich nachweisbar ist, wird geleugnet und/oder in seiner Bedeutung auf rationale Ursache-Wirkungs-Beziehungen reduziert. Liebe ist Chemie, Kultur ökonomisch entbehrlich und Bewusstsein eine Illusion. Seelenloser Pragmatismus und technokratischer Sozialdarwinismus werden zum politischen Programm. Statt die Welt denkend zu analysieren und zu verstehen, wird sie in einer Umkehrung selbst dem Denken unterworfen. Phänomene werden in Begriffe und berechenbare Größen gepresst. Es werden Megalösungen gesucht, die zentral gesteuert Hunderte von Problemen lösen. Eine gigantische Technomanie entsteht, die der Wirklichkeit jede Lebendigkeit austreibt. Ein Monsterprojekt reiht sich an das andere, und subjektive Details werden nur noch als störend empfunden, weil sie der mechanistischen Funktionalität der Ein-für-alle-Problemlösung im Wege stehen. Denn alles wird entweder als Rädchen in die große Maschine eingebaut oder rücksichtslos zur Seite geschoben. Hängte man früher das Wasserrad in den Fluss, um symbiotisch an seiner Energie teilzuhaben, so lenkt man heute den ganzen Fluss um, leitet ihn durch das Kraftwerk und verändert damit sein Wesen, um parasitär nur das zu rauben, was man von ihm begehrt.

Man lebt nicht mit den Tieren, um ihre Eigenschaften zu nutzen, man integriert sie in die Maschinerie der industriellen Landwirtschaft. Die Aufmerksamkeit ist nur auf das Nützliche gerichtet. Das subjektive Bewusstsein des «Du» ist in der Mean-Meme-Es-Perspektive der fünften Ebene verschwunden. In Konflikten werden Massenvernichtungswaffen eingesetzt, weil sie rational die pragmatischste Methode darstellen, den Feind auszuschalten. Alle auftretenden Probleme werden industriell gelöst. Die Wirklichkeit wird auf Funktionalität reduziert. Alles, was keinen wirtschaftlichen Nutzen hat, gilt als überflüssig.

Auch für die Gesellschaft werden große Erzählungen entwickelt, die alle Menschen in das Räderwerk der Ideologie einbinden. Kommunismus, Nationalsozialismus, Wirtschaftsliberalismus, der Mensch wird in seiner Einzigartigkeit beschnitten und entweder als Rädchen in das Getriebe der Ideologie einer großen Gesellschaftsmaschine integriert oder aussortiert.

Regression

Wenn existenzielle Probleme nicht mehr mit rationalen Argumenten gelöst werden können, kommt es zur

Regression auf Stufe vier und tiefer. Dabei werden Mythologien (4), Heldenmythen (3) und Verherrlichungen der eigenen Sippe (2) mit scheinbar rationalen Argumenten zur Wahrheit erklärt. Ein Paradebeispiel für all diese Regression findet sich in den Weltbildern der Nazis und der neurechten Esoteriker, der «Plastikschamanen» mit ihren «Naturmythen». Die Verbindung von brauner Esoterik und magischen Mythen führte zu Beginn des 20. Jahrhunderts zum Rassenwahn, und mit den Mitteln des pragmatischen Denkens entstand unter anderem die Vernichtungsmaschinerie des bürokratischen Genozids an den Juden. Auch wenn der Druck der nächsten (noch zu beschreibenden) Ebene zu groß wird, also z.B. «political correctness» und «linksgrüner, emanzipatorischer Genderwahn» zu übermächtig werden, greift Orange gerne auf Bernstein zurück und reklamiert die traditionelle Ordnung der Vergangenheit als Garant gesellschaftlicher Stabilität.

Transformation

Die Reduktion der Wirklichkeit auf lineare Wirkungszusammenhänge und die mangelnde Toleranz gegenüber allem Menschlichen führen zu einer Gegenbewegung. Zunächst war es die Romantik, die sich gegen die Entzauberung der Wirklichkeit wandte. Bald aber reichte das nicht mehr aus, und es bedurfte eines Korrektivs gegen die Kategorisierung der gesamten Wirklichkeit in «nützlich» und «unnütz», in «wertvoll» und «unwert». Die Intention dahinter: Es darf nicht sein, dass für alle Menschen subjektiv erfahrbare Eigenschaften der Wirklichkeit in der Theorie keine Entsprechung finden oder einfach rationalistisch wegerklärt werden. Die mythologischen Welterklärungen anderer Völker dienen den Menschen dort zumindest als Orientierung für ihre soziale Gemeinschaft und können daher nicht völlig falsch sein. Zudem zeigen Diktaturen nur allzu deutlich, wie menschenverachtende Ideologien mit scheinbar logischen Argumenten gerechtfertigt werden können. Hinzu kommt die offensichtliche Zerstörungskraft rationaler Lösungen, die aus der Vorstellung einer im Prinzip toten Materie geboren werden. Deshalb kann die lineare Rationalität nicht das Ende der Entwicklung des menschlichen Bewusstseins sein.

Aus dieser kritischen Sicht erwächst die Kraft der Entwicklung, die über die lineare, rational-pragmatische Ebene hinausgeht. Wie kann es sein, dass rationale Logik und empirische Forschung, die aus der genauen und objektiven Beobachtung der Welt harte Fakten generiert, so katastrophale Folgen haben können? Um das herauszufinden, hat man begonnen, den objektiven Beobachter zu beobachten.

Daraus entwickelt sich eine Ahnung davon, wie das Bild der objektiven Wirklichkeit im Bewusstsein durch Sprache strukturiert wird und welche archetypischen Rückübertragungen dann die Filter unserer Wahrnehmung überlagern. Die Wirklichkeit ist ein hierarchisches System mit Emergenzen auf jeder Ebene und kausalen Wirkungen über alle Ebenengrenzen hinweg. Was wir davon wahrnehmen, spielt sich in der Noosphäre ab. Wer also nicht den «objektiven Beobachter» beobachtet, sieht die Filter nicht. Man kann die Filter auch nicht beseitigen, indem man den Beobachter beobachtet, aber man kann sie sich bewusst machen. Damit ist die Scheinobjektivität entlarvt.

Psychologie entwickelt sich, die Philosophie des Strukturalismus, als Wissenschaft entsteht die Erkenntnistheorie und das System des Konstruktivismus wird entworfen.

2.3.8 Level 6 – Grün

Allgemeine Beschreibung

Auf der grünen Ebene zeigt sich, dass die «objektive Position» des Betrachters eine Illusion ist. Obwohl materieller Wohlstand eine wichtige Errungenschaft ist, ist er nicht alles, was zählt. Wenn er erreicht ist, muss der Fokus geändert werden. Gelingt dies nicht und bleibt die ökonomische Effizienz der bestimmende Faktor des Wirtschaftens, wird die Welt zu einer seelenlosen Maschine verflachen. Das zerstört auf Dauer die ökologischen Zusammenhänge. Es gibt aber nicht nur das Bedürfnis nach ausreichendem materiellem Wohlstand, sondern auch das Bedürfnis nach mehr emotionalem Wohlbefinden, und dazu braucht es den Einklang mit dem Lebendigen in der Natur.

Da unsere materiellen Bedürfnisse immer mehr befriedigt werden, richtet sich der Blick auf die inneren Welten, auf die Emotionen und ihre Ursachen. Die Analyse der inneren Wirklichkeiten führt zur Entdeckung des Unbewussten und damit zur Aufdeckung der emotionalen Filter der Wirklichkeit. Hat sich der Beobachter auf der fünften Stufe aus der Beziehung zur Welt gelöst, um sie objektiv zu beobachten, wird er nun selbst zum Objekt der Beobachtung. Die Psychologie wird entdeckt.

Es ist nicht gleichgültig, wer beobachtet. Die Schlüsse, die daraus gezogen werden, hängen von der Position des Beobachters ab. Die gewonnenen Fakten sind nicht frei von Ideologie und emotionaler Bewertung. Die Bewertung von Fakten ist abhängig von Geschlecht, Kultur, Alter, Herkunft, Sozialisation. Vor allem aber sind komplexe Bewertungen von Sachzusammenhängen abhängig von der ideologischen Prädisposition des Entscheiders. Dies führt letztlich statt zu egalitären Demokratien eher zu Meritokratien und Oligarchien, und die Vorstellung, man könne objektiv nach Fakten entscheiden, führt zur gleichen dogmatischen Hierarchie wie in den Mythologien der vorherigen Ebene. Den Streit, ob die Gene oder die Sozialisation den Menschen prägen, entscheiden die Grünen eindeutig zugunsten der Sozialisation. Man will echte Chancengleichheit herstellen und sieht jede Charakterschwäche als Wirkung der Umstände. Diese Umstände gilt es zu erforschen. Die einzige wirklich sichere Grundlage ist die Anerkennung der Subjektivität allen Erlebens. Wir sind alle gleich und unterscheiden uns nur durch den Kontext, dem wir in unserer Entwicklung ausgesetzt waren. Sowohl physisch als auch sozial. Niemand ist an seinem Unglück schuld, und deshalb hat die Gemeinschaft die Pflicht, die Unterschiede zu beseitigen und dort, wo sie unvermeidlich sind, auszugleichen.

Entwicklungspsychologische Erscheinung

Entwicklungspsychologisch lassen sich die neuen Emergenzen nicht mehr konkretisieren, da es sich um Stufen handelt, die heute nicht jeder Mensch erreicht. Es ist daher sehr unterschiedlich, ob und in welchen phylogenetischen Entwicklungsphasen des Lebens ein Mensch diese Stufe erreicht.

Perspektive

Grün nimmt die Perspektive der vierten Person ein (die in der Grammatik keine Entsprechung mehr hat) und beobachtet den Beobachter. Sowohl in sich selbst als auch in den Wissenschaften. Dabei entdeckt er die psychologischen Determinanten der Wirklichkeitswahrnehmung und entlarvt das objektive Weltbild als Illusion. Nicht nur moralisch, sondern auch faktisch kann nicht mehr eindeutig zwischen richtig und falsch unterschieden werden, weil die Bewertungskriterien subjektiv sind. Nur die Analyse des Beobachters selbst kann den Blick auf die Welt objektiver machen. Nur wer den Beobachter versteht, kann seine Beobachtungen richtig einordnen. Grünes Denken sieht die Wirklichkeit nur noch durch die psychologische Brille, durch die der vermeintlich objektive Beobachter als absolut subjektiver Filter entlarvt wird.

Weltbild

Die daraus resultierende Weltsicht ist multiperspektivisch. Es gibt nicht mehr «die eine Wahrheit». Jede Erkenntnis der Wahrheit ist subjektiv. Und damit ist jede subjektive Erkenntnis eine von vielen möglichen Wahrheiten. Es kann nicht mehr entschieden werden, welches der vielen konkurrierenden Weltbilder das wahre ist, weil keines objektiv ist.

Die ersten Relativierungen des objektiven Reduktionismus und der großen Erzählungen waren Gegenreaktionen auf die absolutistischen Interpretationen des Rationalen. Paul Watzlawick berichtete, wie schockiert er über die Unterwerfungsbereitschaft und den fehlenden Widerstand der Menschen im Dritten Reich war. Ernst von Glasersfeld floh vor den Nazis aus Österreich nach Australien und später nach Irland. Francisco Varela floh vor Pinochet aus Chile nach Costa Rica. Humberto Maturane blieb in Chile, war aber immer wieder der Gefahr ausgesetzt, verhaftet zu werden, da seine Vorträge von den Machthabern als Aufruf zum Widerstand gegen die Regierung verstanden wurden. Phänomenologie, Strukturalismus und Konstruktivismus rebellierten gegen den rationalen Absolutismus der großen Erzählungen, die auf dem orangen Denken basierten. In der Folge wurde die Relativierung des Rationalen selbst zur Ideologie. Aber der Reihe nach.

Der Philosoph Edmund Husserl (1859-1938) hatte einige berechtigte Einwände gegen die rationale Sicht der Wirklichkeit: Der Materialismus stützt sich auf Empirie und Experiment und vernachlässigt dabei völlig, dass jede Beobachtung ein geistiger Vorgang ist. Die Empirie ist nicht vorurteilsfrei, weil als Voraussetzung aller Überlegungen eine Existenz außerhalb des Bewusstseins angenommen wird. Es gibt aber weder ein reines Objekt noch ein reines Subjekt. Beide sind im Akt der Beobachtung immer schon aufeinander bezogen. Weder lässt sich das Bewusstsein aus der Empirie ableiten, noch sind Ideen ohne sinnliche Wahrnehmung der materiellen Welt denkbar. Alles Empirische ist immer nur bis zu einem gewissen Grad wahrscheinlich und bleibt subjektive Interpretation. Philosophie und Erkenntnis sollten sich aber auf einen sicheren Grund stützen können. Weder die Wahrnehmung noch die Idee bieten einen solchen sicheren Grund. Husserl meinte nun, dass die Logik ein viel besseres Fundament sei als die Empirie. Nur die Vernunft kann als ideales Fundament der Wissenschaft gelten. Philosophie, Erkenntnistheorie und reine Mathematik sind die stabilen Fundamente der Welterkenntnis, weil sie a priori Wahrheiten enthalten. So begründete Husserl die Phänomenologie als Wesensschau des Gegebenen. Idee und Welt entstehen im Akt der Bewusstwerdung. Es gibt weder ein «Ding an sich» noch ein «absolutes Ich». Welt und Welterkenntnis sind nichts Getrenntes. Beide sind von Anfang an im Akt der

Anschauung vereint. Um uns des wahren Wesens eines Gegenstandes bewusst zu werden, müssen wir alle Vorurteile ablegen, sowohl die wissenschaftlichen als auch die innerpsychischen. Erst durch diese phänomenologische Reduktion erscheint die Welt in ihrer tatsächlichen Struktur. Durch die Neutralität unserer Haltung gelangen wir schließlich zum Wesen einer Sache. Nur der «Akt im Bewusstsein selbst» kann nun Gegenstand der Betrachtung sein. Die Existenz des Dinges wird transzendiert. Was bleibt, ist die reine Region des Bewusstseins, die die Welt und das Ich konstituiert. In der breiten Bevölkerung fand diese Philosophie jedoch keinen Anklang. Zudem widerlegten die Relativitätstheorie, die Quantenmechanik und der Unvollständigkeitssatz des Mathematikers Kurt Gödel bald die Vorstellung einer sicheren Grundlage der Phänomenologie. Damit verlor Husserls Philosophie ihr Fundament und damit den Sinn, auf dem sich Wissenschaft gründen sollte. Der «Akt im Bewusstsein selbst» schwebte haltlos im Raum. Mit der Relativierung der Empirie aus der Wissenschaft selbst aber begann die Wirklichkeit des Reduktionismus zu wanken.

Dennoch findet man in diesem schwerelosen Zustand der Phänomenologie Struktur und Ordnung. Aber worauf beruht sie? Ludwig Wittgenstein (1889-1951) entdeckte ihre Wurzeln in der Sprache. Die Wirklichkeit wird uns erst bewusst, wenn wir sie beschreiben. Sprache konstituiert also Wirklichkeit. Was Husserl mit seiner Phänomenologie meinte (das

Zusammenfallen von Geist und Materie, von Subjekt und Objekt im Akt der Beobachtung), kann nur verstanden werden, wenn man erkennt, wie Tatsachen durch ihre Beschreibung entstehen. Die Beobachtung wird uns erst bewusst, wenn wir sie beschreibend in unsere Wirklichkeit einordnen. Das Werkzeug dieser Weltkonstruktion ist die Sprache, die uns aber nicht allein gehört. Sprache ist das gemeinsame Werk aller Menschen. Die Welt wird also von uns als Gemeinschaft konstruiert. Roman Ossipowitsch Jakobson (1896-1982) gilt als einer der Erfinder des Strukturalismus, der sich genau mit solchen Phänomenen beschäftigt: Mit den Mechanismen kultureller Symbolsysteme, wie es die Sprache ist. In Anlehnung an Husserls Phänomenologie sagte er, dass jeder Begriff eine phänomenologische Bestimmung sei. Der Mensch ist in seiner Welterkenntnis immer von seinem Standpunkt abhängig. Jede Frage, wie die Welt ist, ist subjektiv. Um einen Gegenstand betrachten zu können, ist es notwendig, alles Unwesentliche auszublenden. Ein Gegenstand wird uns bewusst, wenn wir darauf achten, was ihn von anderen Gegenständen unterscheidet. Das sind alles Beschreibungen, die mit dem «Ding an sich» nichts zu tun haben. Der ursprüngliche Sachzusammenhang verschwindet. An seine Stelle treten Vereinbarungen zwischen Menschen, die sich sprachlich verständigen. Wie Kant das «Ding an sich» als unerkennbar diagnostizierte, so verschwindet im Strukturalismus die materielle Welt in der Transzendenz. Strukturalismus ist verkappter

Transzendentalismus. Gleichzeitig nimmt der Strukturalismus für sich in Anspruch, das Absolute aus der Kultur vertrieben zu haben. Die großen Erzählungen, die gesellschaftlichen Maschinen werden dekonstruiert. Denn es gibt nichts mehr, worauf man sich als letzte Instanz berufen könnte. Keinen Gott, denn der ist ebenso ein Konstrukt der Sprache wie jeder andere Begriff, aber auch keine Materie, wie Marx noch dachte. Und schon gar keine gesellschaftlich-soziale Ideologie. Alles ist nur eine Übereinkunft von Subjekten, die miteinander kommunizieren. Nichts kann absolute Gültigkeit beanspruchen.

Heute vertritt Markus Gabriel mit seiner Sinnfeldontologie wieder eine ähnliche philosophische Theorie.

Varela und Maturane untersuchten gemeinsam die Voraussetzungen unserer Wirklichkeitswahrnehmung, die der Entwicklung der Sprache weit vorausgehen: den Sinnesapparat unseres Körpers. Wahrnehmung ist kein Abbild der Wirklichkeit, sondern eine Konstruktion aus Sinnesreizen und Gedächtnisleistungen. Erst darauf aufbauend entstehen die gemeinsamen Konstruktionen von Sprache und Kommunikation. Die Konstruktion der Wirklichkeit beginnt also lange vor der Sprache.

Um diese Gedanken zusammenzufassen, haben die Forscher folgendes Beispiel angeführt: Ein Mensch übernimmt das Kommando über ein fensterloses U-Boot, auf dem er geboren wurde und das er sein Leben lang nicht verlassen hat. Er kennt also nur das Innere seiner Behausung und hat keine Ahnung von der Unterwasserwelt, in der sich sein Boot befindet. Nun steuert er das Boot durch klippenreiche Küstengewässer. Wenn man ihm nun sagt, dass es bewundernswert ist, mit welcher Präzision er sein Boot durch die Klippen steuert, wird er erstaunt fragen: «Welche Klippen? Ich achte nur darauf, dass die Zeiger meiner Instrumente im grünen Bereich bleiben. Das allein ist meine Aufgabe.»

In der gleichen Situation befinden wir uns mit unserem Körper. Wir nehmen nur die Informationen wahr, die uns unsere Sinnesorgane liefern. Die reale Außenwelt bleibt uns verborgen. Nicht die Sprache bestimmt unsere Realität, sondern unsere Körperlichkeit. Die Sache ähnelt wieder der Position von Karl Marx: Das Sein bestimmt das Bewusstsein.

Prä-Trans-Verwechslung

Die partielle Rehabilitierung prärationaler Weltbilder und die Anerkennung der Kompetenzgrenzen der empirischen Wissenschaften erzeugt bei Menschen mit einem Weltbild der Stufe fünf (orange) die Vorstellung, dass mit dem Denken der Stufe sechs (grün) jenes mythische Weltbild wiederbelebt werden soll, das man gerade so mühsam entlarvt hat. Der Appell der Aufklärung «Vergesst die Schrecken nicht» wirkt nach. Die Abwehr jeder nicht durch und durch rationalen Weltsicht ist die Grundmaxime der orangen Ebene. So wird vermutet, dass die grüne Idee eine Rückkehr zur Bernsteinebene darstellt. Orange kann sich nicht vorstellen, dass es etwas jenseits der Wissenschaft geben könnte, etwas, das darüber hinaus geht. Und so scheint es, als würde nur ein Weltbild wiederbelebt, das die Wissenschaft bereits widerlegt hat. Wer vernünftig denkt, so die Überzeugung der orangen Ebene, kommt zu dem Schluss, dass die ontologischen Schlussfolgerungen der Wissenschaft unweigerlich zum Materialismus führen. Die Relativierung der Wissenschaft müsse daher aus dem Wunschdenken resultieren, dass es nach dem Tod weitergeht, was eben «unlogisch» sei.

Erste Pathologie der Transformation

Die erste Pathologie der Transformation von Orange nach Grün ist also der militante Atheismus, der das rationale Denken und seine Konsequenzen verteidigt, denn eine Rückkehr zu einer irrationalen Naturmystik ist inakzeptabel, auch wenn die Motivation die Erhaltung der Ökosphäre und das Überleben der Menschheit ist.

Zweite Pathologie der Transformation

Die zweite Pathologie der Transformation von Orange nach Grün liegt vor, wenn nach der Transformation nach Grün Fakten und Erkenntnisse der Wissenschaften generell abgelehnt werden, weil «Wissenschaft auch nur eine Religion» sei. Rationales Denken und Wissenschaft werden mit Materialismus und den Folgen des Reduktionismus identifiziert und damit als lebensfeindlich eingestuft.

Mean-Mem

Doch was als Relativierung absolutistischer Ideologien in der Politik gedacht war, hat inzwischen ein fatales Eigenleben entwickelt. Die grüne Position der relativen Wahrheit und relativen Wirklichkeit wurde zur Grundlage einer Politik der Fakenews. Konstruktivismus und Strukturalismus hatten nie den Anspruch, philosophische Ontologien zu sein. Aber gerade die Relativierung von Fakten reicht heute aus, um politisch aktiv zu werden. Ob es um Klimawandel, soziale Gerechtigkeit oder die Verhinderung von Pandemien geht, den Gegnern politischen Handelns geht es nicht um die Etablierung alternativer Wahrheiten. Es geht ihnen um den Zweifel, den sie säen können, um unliebsame Maßnahmen zu verhindern. Konstruktivismus wird als Strategie eingesetzt, um notwendige Entwicklungen zugunsten persönlicher Vorteile oder traditioneller Ordnungen zu verhindern.

Schon Hanna Arendt schrieb: «*Der wohl hervorstechendste und auch erschreckendste Aspekt der deutschen Realitätsflucht liegt in der Haltung, mit Tatsachen so umzugehen, als wären sie bloße Meinungen. (...) Auf allen Gebieten gibt es unter dem Vorwand, jeder habe das Recht auf eine eigene Meinung, eine Art Gentlemen's Agreement, dass jeder das Recht auf Unwissenheit hat – und dahinter verbirgt sich die stillschweigende Annahme, dass Fakten eigentlich nicht zählen. Das ist in der Tat ein ernstes Problem, nicht nur, weil es Diskussionen oft so hoffnungslos macht (...), sondern vor allem, weil der Durchschnittsdeutsche allen Ernstes glaubt, (...) dieser nihilistische Relativismus gegenüber Fakten sei das Wesen der Demokratie. In Wirklichkeit ist das natürlich ein Erbe des Naziregimes.*»

Und der US-amerikanische Wissenschaftsautor Isaac Asimov meinte: «*Es gibt eine Kultur der Ignoranz in den Vereinigten Staaten, und es hat sie immer gegeben. Die Last des Anti-Intellektualismus zieht sich wie ein roter Faden durch unser politisches und kulturelles Leben, genährt von der falschen Vorstellung, Demokratie bedeute: ‚Meine Unwissenheit ist genauso viel wert wie dein Wissen'*».

Ein weiterer negativer Effekt des grünen Mems ist die Konzentration auf die psychischen Traumata der eigenen Person oder auf die kollektiven Traumata der Gesellschaft. Man konzentriert sich nur auf das, was man nicht bekommen hat, wo man diskriminiert wird und dass die ganze Gesellschaft nur auf Ungerechtigkeit aufgebaut ist. Man ergeht sich in Schuldzuweisungen und übersieht die Schuld, die durch die Überkompensation der ständig geforderten «Wiedergutmachung» erzeugt wird. Übrig bleibt eine Kultur des Nihilismus.

Transformation

Toleranz gegenüber anderen Weltanschauungen kann jedoch zu Problemen führen, wenn man das Verhalten von Menschen tolerieren will, die ihrerseits keine Toleranz gegenüber anderen zeigen. Man beginnt zu ahnen, dass es vielleicht doch eine Hierarchie verschiedener Weltanschauungen gibt und dass man deshalb auf Menschen mit unterschiedlichen Einstellungen unterschiedlich reagieren muss. Zum ersten Mal taucht die Ahnung auf, dass andere Menschen die Welt vielleicht aus einer ganz anderen Perspektive betrachten und deshalb in ihrer Beurteilung der Wirklichkeit zu anderen Schlüssen darüber kommen, was richtig und was falsch ist.

2.3.9 Zusammenfassung

Die hier beschriebene vertikale Skala wird sichtbar. Wer anders denkt und zu anderen Schlüssen und moralischen Handlungsmaximen kommt, ist nicht zwangsläufig entweder dumm oder böse. Er kann auch ganz einfach ein anderes Paradigma haben, eine andere Entwicklungsstufe, die ihn die Welt aus funktionalen Gründen anders erscheinen lässt, um in dem Kontext, in dem er sich befindet, eine funktionierende Weltvorstellung zu entwickeln.

Schließlich wird deutlich, dass Gesellschaft nur mit Herrschaftshierarchien funktioniert. Entwicklung vollzieht sich nicht durch die Abschaffung der organisierenden Hierarchie, sondern in der Art und Weise, wie sie ausgehandelt wird. Das bestimmt dann auch, wie Herrschaft durchgesetzt wird.

- Recht des Stärkeren. (Helden, Götter);
= rote Ebene 3.

- Recht der mythologischen Sanktion. (Könige, Priester, militärische Hierarchie, Beamte);
= blaue Ebene 4.

- Recht des besseren Arguments. (Wissenschaft, rationale Argumente, Ökonomie);
= bernstein Ebene 5.

- Recht des Seins. (Ökologie, Empathie, Tierrecht);
= grüne Ebene 6.

Das Erkennen dieser Abstufungen führt zur nächsten Ebene, der Ebene Türkis 7. Aber sie befindet sich auf einem völlig neuen Level. Denn ab hier kann man die Entwicklungshierarchie erkennen, die hier gerade mit der «vertikalen Leiter» beschrieben wurde.

2.3.10 Der Übergang

Gegenwärtig erleben wir den Machtkampf zwischen vier verschiedenen Werteebenen.

- ***Grün gegen Orange***: Der Multiperspektivismus (6-Grün) kämpft gegen den atheistischen Rationalismus (5-Orange) und seine pragmatisch-reduktionistische Sichtweise, die das Leben auf diesem Planeten gefährdet. (Und Grün kämpft auch gegen die hier beschriebene Sichtweise der vertikalen Leiter, weil es diese ineiner Prä.Trans-Verwechslung für eine Rechtfertigung des rationalen, orangenen Mems hält, welches kulturchauvinistisch andere, zum Beispiel indigene Völker, für «weniger weit entwickelt» hält.)

- ***Orange gegen Grün und gegen Bernstein***: Orange hält den grünen Multiperspektivismus in einer Prä-Trans-Verwechslung für einen mythologischen Monotheismus (4-Bernstein), für eine Wiederinstallation des Mythos wider jeder rationalen Erkenntnis, gegen den er ohnehin schon seit Jahrhunderten kämpft («Vergesst die Gräuel nicht!»).

- ***Bernstein gegen Orange und gegen Grün***: Der Monotheismus (4-Bernstein) kämpft seinerseits gegen die Zerstörung mythisch-traditioneller Ordnungsstrukturen durch rein wissenschaftliche Rationalität

(5-Orange) und multiperspektivische Gleichheit (6-Grün), bedient sich aber in einer Sonderform der Prä-Trans-Verwechslung der Relativierungen des Multiperspektivismus (6-Grün), um rationalen Argumenten (5-Orange) besser begegnen zu können.

- ***Rot für Bernstein***: Und wo das nicht funktioniert, wird auf das Narrativ des Helden zurückgegriffen, der für die gute Sache (3-Rot) kämpft und mit Terrorismus gegen den übermächtigen Wirtschaftsliberalismus (5-Orange) vorgeht, um die Traditionen und sozialen Ordnungen der Religionen (4-Bernstein) zu retten.

Bis Stufe sechs (grün) ist das Bewusstsein immer von der Richtigkeit der eigenen Denkweise überzeugt und hält alle anderen Modi für falsch/dumm oder böse.

Bernstein (L-4) braucht ‚Law and Order', um sich wohl zu fühlen, und reagiert mit Unbehagen auf die rote Impulsivität und den orangen Individualismus.

Der Rationalist der fünften Stufe (Orange) hält den Ordnungsliebenden der vierten Stufe (Bernstein) entweder für einen Idioten, der nicht vernünftig denken kann, oder für einen Kriminellen, der andere ausnutzen will. Trifft er jedoch auf einen Menschen der Stufe sechs (Grün), hält er ihn für einen Schwächling der Stufe vier, der in seiner Übertoleranz nicht begreift, dass seine eigene aufgeklärte Kultur anderen überlegen ist.

Durch die Prä-Trans-Verwechslung werden höhere Ordnungen mit niedrigeren Ordnungen gleichgesetzt, wobei man keine Ahnung von Stufen hat, sondern den anderen nur wahlweise für infantil oder niederträchtig hält. Jede Stufe hält sich für den Gipfel der Bewusstseinsentwicklung. Wer anders denkt, denkt falsch.

Wird jedoch der Druck der jeweils höheren Stufe zu groß, erfolgt eine Regression auf eine niedrigere Stufe. Terroristische Gruppen bilden sich z.B. aus Menschen der Stufe vier (Bernstein mit mythologisch sanktionierter hierarchischer Gesellschaftsstruktur), die angesichts der Bedrohung ihrer Ordnung durch Stufe fünf (Orange mit der Forderung nach Entwicklung einer freiheitlichen Gesellschafts- und Wirtschaftsordnung) auf Stufe drei (Rot, wo Helden das als «gut» und «normal» Geltende schützen) regredieren, um ihre Tradition zu verteidigen.

Fassen wir noch einmal zusammen:

Dieser Kampf zwischen Level vier und Level fünf ist der Hauptbrennpunkt, wie man derzeit am politischen Geschehen weltweit sehen kann. Regression auf Stufe drei ist leider in vielen Fällen die (pathologische) Antwort. Die Gemeinschaft scheint nicht mehr in der Lage zu sein, die Ordnung aufrecht zu erhalten. Deshalb versuchen nun Einzelkämpfer, diese Aufgabe zu übernehmen. Auf der fiktiven, künstlerischen Ebene ist Superman ein Beispiel für eine solche Regression. Er erschien erstmals 1932 und kann auf der symbolischen Ebene als archetypische Antwort auf die Weltwirtschaftskrise gesehen werden.

Ein weiteres Beispiel für eine solche Regression wäre ein rationaler Mensch der Stufe fünf (Orange), der sich angesichts eines zu starken Pluralismus von Vertretern der Stufe sechs (Grün) auf die traditionellen Werte der Stufe vier (Bernstein) zurückzieht, um die empfundene Bedrohung – durch ‚übertriebene Toleranz', Emanzipation oder Geschlechtergerechtigkeit (Grün) – durch eine Rückbesinnung auf traditionelle Werte (Bernstein) abzuwehren.

Überschreitet ein Mensch die Entwicklung der sechsten Stufe (Grün), weil er mit der absoluten, pluralen Gleichheit in Selbstkonflikt gerät – etwa wenn er sich mit der Frage der ‚Toleranz der Intoleranz' auseinandersetzen muss – beginnt er zu begreifen, dass es Hierarchien auch ohne Wertungen geben kann und dass unterschiedliche Denk- und Verhaltensweisen in unterschiedlichen Situationen durchaus sinnvoll sein können. Er versteht, dass nicht alles objektiv wertfrei ist, wie ihm die Stufe sechs suggeriert, sondern dass Werte kontextabhängige Funktionen erfüllen und dass es eine Hierarchie von Horizonten gibt, die konzentrische Kreise sind, die ineinandergreifen.

Es gibt erste Ansätze, die Hierarchie der vertikalen Skalen in der Außenwelt zu verstehen und zu akzeptieren. Damit begibt sich der Mensch auf eine Metaebene und erfasst das Gesamtbild. Das Bewusstsein einer völlig neuen, komplexeren Weltsicht entsteht. Es betrachtet und erfasst die gesamte Spirale der Existenz und nicht nur die Ebenen, auf denen es sich gerade befindet. Mit dem Überschreiten dieser Grenze wird aus dem bisherigen gleichberechtigten Pluralismus (Grün) ein echtes, prozessorientiertes Systemdenken, das alles zu integrieren versucht (Petrol).

2.3.11 Ebene – 7 – Petrol, als Basis zum Verständnis dieses Buches

Nun sollte auch der Grund deutlich werden, warum ich der vertikalen Leiter einen so großen Raum gegeben habe: In diesem Buch versuche ich ein Weltbild zu erklären, welches weder den religiösen Traditionen (4-Bernstein), noch der rationalen Wissenschaftlichkeit (5-Orange) und auch nicht einem pluralistischen Konstruktivismus (6-Grün) entspricht. Erst wenn man bewusst nachvollziehen kann, dass Weltbilder paradigmatischen Leitlinien von entwicklungsbedingten Weltsichten entsprechen, kann man dieser Idee die nötige Offenheit entgegenbringen.

2.4. Zustands-Matrix

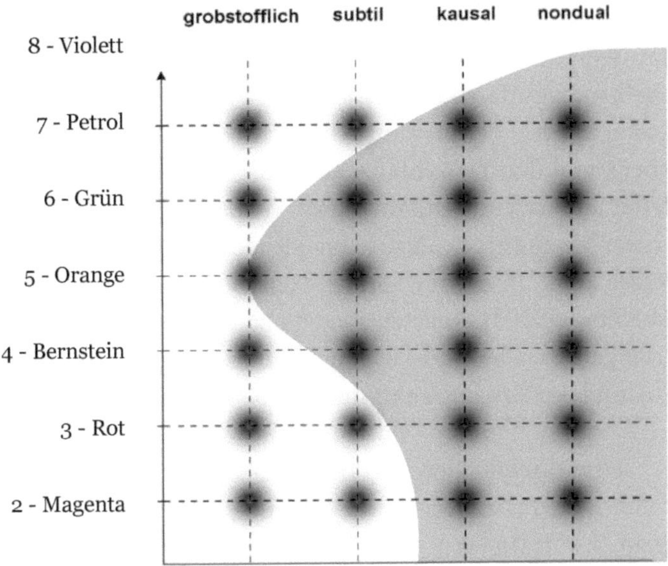

Die Wilber-Combs-Matrix ist eine Kombination aus der vertikalen Leiter und den verschiedenen Bewusstseinszuständen. Der dunkle Bereich zeigt, in welchen Zuständen wir normalerweise nicht bei Bewusstsein sind.

Die Wilber-Combs-Matrix, benannt nach ihren Urhebern Ken Wilber und Allan Combs, beschreibt die Beziehung zwischen der vertikalen Leiter und den Bewusstseinszuständen.

Die vertikale Achse repräsentiert die Strukturen des Bewusstseins, die, wie im vorhergehenden Kapitel beschrieben, jahrelanges Wachstum erfordern. Die horizontale Achse hingegen umfasst das gesamte Spektrum der jederzeit erlebbaren Bewusstseinszustände. Dieses Spektrum umfasst den Wachzustand auf der grobstofflichen Ebene, den Traumzustand auf der feinstofflichen Ebene und den Tiefschlafzustand auf der kausalen Ebene. Jeder Mensch durchläuft diese Zustände in einem täglichen Rhythmus, wodurch sie allgegenwärtig, aber unbewusst sind. In einem veränderten Bewusstseinszustand ist es möglich, bewussten Zugang zu diesen Bereichen zu erlangen, insbesondere auch zum allgegenwärtigen Zustand der Zeugenschaft und des Nondualen.

Der dunkle Bereich bezeichnet die Zustände, in denen wir uns normalerweise nicht bewusst sind, es sei denn, wir trainieren dies. Man könnte die Achsen auch als «Wachsen» auf der vertikalen Ebene und als «Erwachen» auf der horizontalen Ebene bezeichnen.

Interessanterweise ist diese Matrix auch ein Werkzeug, um Missverständnisse zu lokalisieren. Wenn z.B. jemand in Indien aufgewachsen ist, dort sozialisiert wurde und bei seinem Meister Yoga gelernt hat, dann nach Europa kommt und hier eine Yogaschule gründen möchte, dann ist er aufgrund seiner Sozialisation auf der mythischen Ebene und hat aufgrund seiner Yogapraxis eine kausale Erfahrung. Dann kann man sein Weltbild in dieser Matrix verorten. Das, worüber er sprechen kann, weil er es erfahren hat, umfasst einen Bereich von der Ecke links unten bis zum Punkt Bernstein-kausal. Das ist das Rechteck seiner Welt. Und wenn er jetzt hier einen Schüler hat, der zum Beispiel als Kind von einem schwulen Paar adoptiert worden ist und in der LGBT-Community aufgewachsen ist, also sehr pluralistisch ist und weiß, dass alle Religionen irgendwo ihre Wahrheiten haben, und wenn er dann vielleicht noch ein Traumtagebuch führt und luzide Träume trainiert, dann reicht sein Weltbild von links unten bis grün-subtil. Und der Bereich, über den sich die beiden jetzt austauschen können, ohne dass es zu Missverständnissen kommt, ist dann relativ klein. Er reicht von links unten bis Bernstein-subtil. Bei Gesprächen über andere Bereiche kommt es unweigerlich zu Missverständnissen, weil keiner vom anderen weiß, wovon er eigentlich spricht.

Fazit:

Wenn wir also den Menschen sowohl in seiner horizontalen Struktur als auch in seiner vertikalen Entwicklung verstanden haben, dann könnten wir jetzt direkt zu den Religionen springen und fragen: Wie sieht es nun mit den Religionen aus? Wie passen sie in dieses neue Menschenbild? Aber dann hätten wir etwas Wesentliches vergessen. Wir wissen jetzt sehr viel über den Menschen, über seine Psyche und seine Entwicklung, aber was wir noch nicht haben, ist die Welt, in die der Mensch gestellt ist und in der er sich zurechtfinden muss. Das heißt, wir brauchen eine Ontologie, auf der das alles aufbaut. Und da kommt uns natürlich die Naturwissenschaft entgegen, denn die Naturwissenschaft beschäftigt sich mit der Welt, in der wir leben. Also machen wir zunächst einen Abstecher in die materielle Welt der Wissenschaft.

2.5. Monismus

Die integrale Theorie geht vom Monismus aus. Das bedeutet, dass es nur eine Essenz gibt. Aber heute, in der Welt des Orangen Mems, bedeutet Monismus meistens Materialismus. Und der besagt, dass hohe Bewusstheit immer dann auftritt, wenn materielle Systeme komplex organisiert sind, also ein Gehirn existiert. Wenn es kein Gehirn gibt, dann müssen wir davon ausgehen, dass es auch kein Bewusstsein gibt. Aber das ist natürlich zunächst nur eine Korrelation und keine Kausalität. Das wird in der materialistischen Wissenschaft oft vergessen.

Die materialistische Wissenschaft macht nämlich den Fehler, dass sie objektiv, von der Quantenphysik bis zur Atomphysik, von der Physik bis zur Chemie, bis zur Biochemie, bis zur Neurobiologie, bis zur Neurokybernetik ganz genau aufzeichnen kann, wie das hierarchische System des Menschen aussieht und wie das Ganze prinzipiell organisiert ist. Und dann macht sie den Fehler und sagt *Neurokybernetik → Bewusstsein.* Das ist aber ein Kategorienfehler. *Bewusstsein* ist eine *subjektive Kategorie*, während der Rest objektiv ist. Man kann nicht einfach über die Mauer zwischen den Kategorien springen. Wenn die Naturwissenschaft versucht, das Subjekt auszuklammern, um objektiv zu sein, dann alles analysiert, und wenn alles analysiert ist, das Subjekt in den Daten sucht, dann wird man nichts finden. Wie sollte das auch gehen? Das ist so, als würde man sagen: «*... und wenn man die*

Lampe von Aladdin reibt, dann kommt der Dschinn heraus». Und wenn wir dann sagen: *«Um Gottes Willen, wo kommt dieser Geist jetzt her?»*, dann fängt die Wissenschaft an, genau zu erklären, wie man exakt reiben muss, damit der Dschinn aus der Lampe kommt. Das ist vielleicht eine ganz tolle Beschreibung, aber keine Erklärung.

Stattdessen muss man auf der subjektiven Seite nach unten gehen, so wie man auf der objektiven Seite nach oben gegangen ist. So wie man Materie analysieren kann, indem man die kleinen Teile analysiert und dann ihre Beziehungen und Wirkungen aufeinander zu immer größeren Einheiten kombiniert, so müsste man Bewusstsein als subjektive Erfahrung analysieren und dann in immer kleinere Teile zerlegen. Bewusstsein ist etwas, das man nur von innen erfahren kann, so wie Materie etwas ist, das man nur von außen erfahren kann. Ich weiß also, wie es sich anfühlt, ein Gehirn zu sein. Dann müsste man runtergehen und sagen: *«Wie könnte es sich anfühlen, eine biochemische Verbindung zu sein? Wie könnte es sich anfühlen, ein Atom zu sein? Wie könnte es sich anfühlen, ein Elementarteilchen zu sein?»* Das wäre der richtige Weg, und dann bleibt man immer auf der Seite des Bewusstseins. Aber diesen Weg geht die materielle Wissenschaft natürlich nicht, weil sie in ihrem materiellen Monismus davon ausgeht, dass es so etwas wie Geist erst dann gibt, wenn er durch komplexe Informationsverarbeitungsprozesse eines Gehirns entsteht. Das

Problem dabei ist, dass *Geist* mit *geistigen Inhalten* verwechselt wird. Auch ich bin davon überzeugt, dass *geistige Inhalte* erst durch komplexe Informationsverarbeitung entstehen. Aber es ist nicht der *Geist* selbst, der entsteht. Er füllt sich nur mit Inhalten. Bewusstsein muss bereits vorhanden sein, bevor es sich seiner selbst bewusst wird. Geist muss vorhanden sein, bevor er sich mit geistigen Inhalten füllen kann. Und wenn man die Quadranten-Theorie konsequent anwendet, dann hat eben jedes Holon eine Innenperspektive. Und dann kommt man automatisch zu dem Schluss, dass hinter dem Subjektiven und hinter dem Objektiven ein gemeinsames Drittes steht. Etwas, von dem Subjekt und Objekt nur Erscheinungen sind, aus dem heraus sich Subjekt und Objekt entwickeln. Die objektive Seite lässt sich mit Mathematik beschreiben. Die subjektive Seite durch Archetypen, einer Art von subjektiver Mathematik. Wie diese subjektive Mathematik der Archetypen aussieht, ist ein anderes Thema, und ich plane ein eigenes Buch darüber. Das soll hier nicht Gegenstand der Betrachtung sein.

Wichtig ist, dass wir Folgendes festhalten: *Bewusstsein ist Materie von innen.* Wenn ich Materie bin, bin ich bewusst. Nur wenn ich Materie bin, kann ich sie von innen betrachten. Und *Materie ist Bewusstsein von außen.* Das ist also die Umkehrung. Geist und Materie haben ihre gemeinsamen Wurzeln in einem Informationsraum, einem Cyberspace, der hinter allem steht und der von Grund auf lebendig ist, lebendig sein muss. Sonst hätten wir kein Bewusstsein.

Und damit kommen wir zur Holographie und zum Indra-Netz.

2.6. Indras-Netz

Das Indra-Netz ist ein mythologisches Konzept aus der indischen Kultur, das ein Netz aus Perlen beschreibt, das den Himmel durchzieht. Jede Perle reflektiert das gesamte Netz, einschließlich aller anderen Perlen und deren Reflexionen. Dabei reflektiert sie auch die Spiegelungen ihrer selbst in den anderen Perlen. Damit ist ein redundantes Informationssystem beschrieben, das eine fraktale Grundstruktur aufweist und vom Prinzip her einem Hologramm ähnelt: Jedes Detail enthält das Ganze, aber ganz subjektiv, aus einer einzigartigen, individuellen Perspektive. Damit symbolisiert es die untrennbare Verbindung aller Dinge im Universum und die Vorstellung, dass jede Handlung und jedes Ereignis Auswirkungen auf alles andere hat. Das Indra-Netz unterstreicht die Bedeutung von Verbundenheit und Interdependenz in einer Welt, in der alles miteinander verbunden ist.

Der Gott Indra, der als Herrscher des Himmels und des Wetters gilt, schuf das Netz, um das Universum zu ordnen und seine Schönheit und Komplexität zu offenbaren. Indras Netz ist also nicht nur ein Mythos, sondern ein Konzept, das die gesamte altindische Kultur und Philosophie durchdringt. Der Mythos wurde in verschiedenen Texten wie den Upanishaden und dem Avatamsaka-Sutra beschrieben und im Laufe der Jahrhunderte weiterentwickelt.

Indem wir uns mit der Idee des Indra-Netzes, der fraktalen Struktur des Universums auf allen Größenskalen und dem Prinzip der Holographie beschäftigen, können wir unser Verständnis des Universums und unserer eigenen Rolle darin vertiefen.

Wenden wir uns nochmal der Beschreibung eines Holons zu: Wie bereits erwähnt, ist die Essenz eines Holons nicht die Materie, aus der es besteht. Vielmehr ist ein Holon das Muster, nach dem sich die Materie formt. Man könnte sagen, die Subholons ordnen sich nach einem bestimmten Muster. Meine Zellen ordnen sich nach dem Muster meines Körpers. Nach dem, was ich bin. Die Moleküle ordnen sich nach dem Muster der einzelnen Zellen und die Atome ordnen sich nach dem Muster der Moleküle und so weiter. Das heißt, es gibt eigentlich gar keine Materie. Das ist keine seltsame Einzelmeinung mehr. Physiker halten heute Vorträge mit dem Titel *«Materie besteht nicht aus Materie»*. Immer wenn wir etwas Materielles anschauen, sehen wir nur ein Muster, nach dem sich etwas ordnet. So wie wenn wir ein Magnetfeld sichtbar machen, indem wir Eisenspäne auf ein Blatt Papier werfen. Wenn ein Magnetfeld vorhanden ist, ordnen sich die Späne zu einem Muster, das vorher unsichtbar war.

Aber woher kommen die Muster der Holons?

Also zurück zum Indra-Netz: In jeder Perle spiegelt sich das ganze Netz mit allen anderen Perlen. So spiegelt sich jede Perle in jeder anderen. Wenn man in eine Perle schaut, sieht man das ganze unendliche Netz. Dies ist eine Metapher für die Holons dieser Welt: Jedes ist eine solche Perle. Jedes Holon ist die ganze Welt (und gleichzeitig ihr Spiegelbild) aus einer individuellen Perspektive. Aber ein Holon reflektiert den Rest des Kosmos nicht einfach passiv wie eine Perle. Jedes Holon projiziert auch den Kosmos, den es reflektiert. Die eigentliche Ursache des Kosmos ist nicht die physikalische Realität, sondern eine Überlagerung der Erwartungen aller Holons.

Jedes Holon ist der Generator einer – scheinbar von ihm unabhängigen – Realität, während es selbst von dieser Realität erzeugt wird. Der Kosmos wird von allen darin existierenden Holons gemeinsam erschaffen. Am Anfang des Kosmos gab es nur kleine Holons mit wenig Inhalt in ihrem Bewusstsein. Die Erwartungen waren daher sehr rudimentär. Dennoch entstand aus den Gewohnheiten dieser winzigen Holons eine intersubjektive Realität, und diese Gewohnheiten wurden zu Naturgesetzen, denen sich nachfolgende, komplexere Holons anpassen mussten. *Zuerst* gibt es Elementarteilchen, *dann* Atome, *dann* Moleküle und so weiter. Das menschliche Bewusstsein setzt sich aus den Wesenheiten der niedrigeren Ebenen zusammen.

Die Einflussmöglichkeiten unserer Erwartungen werden durch die Hierarchie der Holons bestimmt und begrenzt, d.h. durch die Tatsache, dass komplexe Super-Holons einfachere SubHolons in ihrer Interaktion koordinieren.

Die Holons der untersten Ebene sind in ihrer inneren Struktur sehr einfach. Sie bestehen nur aus wenigen Erwartungen bezüglich ihrer Außenwelt. Diese bestimmen auch die möglichen Wechselwirkungen des Teilchens mit seiner Umgebung. Die phänomenale Realität der Elementarteilchen besteht aus Polaritäten. Daraus ergeben sich Erwartungen, die die Welt der Atomphysik erzeugen.

Die phänomenale Welt der Atome ist wesentlich komplexer, da sie aus einer Kombination von Elementarteilchen bestehen und somit mehr Informationen kodieren können. Mit der Komplexität der inneren Struktur steigen auch die Erwartungen an die Außenwelt. Gleichzeitig werden aber auch die Realisierungsmöglichkeiten eingeschränkt, da sie keinen Zugriff mehr auf die durch die Erwartungen der Elementarteilchen erzeugte Realität haben.

Diese hierarchische Kompetenzstruktur setzt sich nach oben fort: Einerseits werden die möglichen Erwartungshaltungen, die kollektiv die Wirklichkeit als Projektion manifestieren, immer komplexer. Andererseits werden die Möglichkeiten eingeschränkt, weil die Manifestationen der unteren Ebenen bereits feststehen. Daraus resultieren die stabilen Naturgesetze:

- Atome bilden die Gesetze der Physik, sind aber an die Vorgaben der Quanten gebunden.
- Moleküle bilden die Gesetze der Chemie, müssen sich aber an die Vorgaben der Physik halten.
- Zellen bilden die Strukturen des Lebens, sind aber an die Vorgaben der Chemie gebunden.
- Organismen bilden das System der Biosphäre, können aber nur die Bedingungen nutzen, die durch Zellen ermöglicht werden.
- Menschen schaffen Kultur, gehen aber mit ihr unter, wenn sie sich nicht an die Gesetze der Biosphäre halten.

Trotz der Einschränkungen der vorhergehenden Sphären steigt mit jeder Stufe durch Emergenzen die Anzahl der Freiheitsgrade.

Ich habe Erwartungen, ich habe Bedürfnisse, ich habe Ängste. Und das projiziere ich nach außen und der Kosmos versucht, mir alles zu erfüllen, wenn möglich. Auch die Befürchtungen. Aber das kollidiert natürlich damit, dass alle anderen Holons auch Vorstellungen haben von der Realität, in der sie leben. Und das muss kompatibel bleiben. Das muss irgendwie in Übereinstimmung kommen. Und diese Übereinstimmung sorgt dafür, dass es nicht einfach Chaos ist, wie im Traum, wo alles passieren kann, sondern dass es in geordneten Bahnen läuft. Das geschieht dadurch, dass in jedem Holon jede Information redundant gespeichert ist, als subjektive perspektivische Spiegelung des gesamten Kosmos.

Klingt das zu esoterisch?

Dann machen wir jetzt einen kleinen Ausflug, der uns etwas tiefer in die Welt der modernen Physik führt.

2.6.1 Das Hologramm

Auf der Grundlage der Theorie der Schwarzen Löcher vermuten Forscher, dass das Universum einem riesigen Hologramm ähneln könnte, so seltsam das auch klingen mag. Wenn dem so wäre, dann wäre unsere Welt, so wie wir sie kennen, tatsächlich anders, als wir sie wahrnehmen.

Die Theorie besagt, dass ein Schwarzes Loch alle Informationen über die Objekte, die es verschluckt, auf seiner Oberfläche speichert. Diese Information könnte als zweidimensionales Hologramm dargestellt werden. In ähnlicher Weise könnte das gesamte Universum als ein riesiges Hologramm beschrieben werden, das alle Informationen über unsere dreidimensionale Welt enthält.

Das bedeutet, dass unsere Wahrnehmung der Welt möglicherweise nicht der Realität entspricht. Stattdessen könnte die Welt, die wir sehen, nur eine Projektion des holographischen Universums sein. Mit anderen Worten: Da wir selbst Bestandteile dieses Universums und damit dieser Projektion sind, interpretieren wir möglicherweise die zweidimensionale Informationsstruktur des Kosmos, in dem wir uns bewegen, als dreidimensionale Realität. Die Welt wäre dann nicht materiell, nicht einmal räumlich, sondern eine reine Idee, eine bestimmte Konstellation von Informationen, ähnlich dem Konzept von Brahmas Traum. In diesem Szenario wären wir nur Teile einer Idee und keine eigenständigen materiellen Wesen. Avatare in einem Cyberspace. Unsere bewusste Intention, unsere Qualia, das bewusste Erleben unserer Innerlichkeit, wäre eine Leihgabe des Gesamtbewusstseins des Informationsraums, des Bewusstseins, das diesen Kosmos träumt.

Information und Entropie

Die Informationstheorie definiert den Informationsgehalt einer Nachricht als Maß für die Anzahl der benötigten Bits. Erstaunlicherweise sind die Formeln zur Berechnung dieses Informationsgehalts identisch mit denen der thermodynamischen Entropie. Die thermodynamische Entropie bezieht sich auf die Unordnung in einem physikalischen System, während die Informationsentropie (Shannon-Entropie) den Informationsgehalt einer Nachricht misst. Obwohl beide Entropien in unterschiedlichen Einheiten ausgedrückt werden und sich in ihrer Größenordnung erheblich unterscheiden, liegen ihre Unterschiede lediglich in ihren unterschiedlichen Anwendungsbereichen. Um Informationen in einem Arbeitsspeicher zu speichern, benötigen wir große Mengen von Atomen. Wenn wir jedoch Informationen in der Größenordnung von Atomen speichern könnten, wären die Entropien identisch. Mit anderen Worten: Die Entropie der Thermodynamik ist ein Maß für den Informationsgehalt, und der zweite Hauptsatz der Thermodynamik, der besagt, dass die Entropie in einem geschlossenen System niemals abnehmen kann, ist eine andere Beschreibung dafür, dass der Informationsgehalt unseres Kosmos ständig zunimmt.

Schwarze Löcher

Die allgemeine Relativitätstheorie beschreibt die Gravitation als eine Krümmung der Raumzeit, die durch das Vorhandensein von Materie und Energie verursacht wird. Wenn Materie oder Energie sehr dicht gepackt sind, kann sich die Raumzeit so stark krümmen, dass ein Schwarzes Loch entsteht. Nach den Gesetzen der Relativitätstheorie kann nichts, was in ein Schwarzes Loch gefallen ist, jemals wieder herauskommen, da die Fluchtgeschwindigkeit größer als die Lichtgeschwindigkeit ist. Damit scheint der zweite Hauptsatz der Thermodynamik verletzt, denn aus einem Schwarzen Loch kann auch keine Information entweichen. Der Kosmos würde Entropie verlieren, wenn etwas in ein Schwarzes Loch fällt.

Es konnte jedoch gezeigt werden, dass die Gesamtfläche des Ereignishorizonts eines Schwarzen Lochs niemals abnimmt, was zu der Idee führte, dass ein Schwarzes Loch eine Entropie besitzt, die proportional zur Fläche seines Ereignishorizonts ist. Dies führte zum verallgemeinerten zweiten Hauptsatz: Die Entropie Schwarzer Löcher ist proportional zur Fläche ihres Ereignishorizonts. Das bedeutet, dass die gesamte Information über den Rauminhalt eines Schwarzen Lochs auf der Oberfläche des Ereignishorizonts gespeichert werden kann. Dies führt direkt zum holographischen Prinzip, das besagt, dass die vollständige physikalische Beschreibung eines beliebigen Systems, das sich in einem dreidimensionalen Raum befindet, auf der zweidimensionalen Grenzfläche dieses Raums gespeichert werden kann. Dies erklärt die Krümmung der Raumzeit – und damit die Gravitation – als Folge der Informationsentropie:

Da der Rauminhalt mit der dritten Potenz des Durchmessers wächst, die Oberfläche aber nur mit der zweiten Potenz, würde der Informationsgehalt eines mit Materie gefüllten Raumes bald die Speicherkapazität seiner Grenzfläche übersteigen. Bevor dies jedoch passieren kann, kollabiert der Raum durch die Gravitationsverzerrung der angesammelten Materie zu einem Schwarzen Loch.

Die Frage ist nun, ob dieses Modell auch auf das Universum als Ganzes angewendet werden kann. Schließlich hat der Kosmos keine definierte Grenzfläche. Die Feldgleichungen, mit denen wir heute das Universum beschreiben, ergeben im Kleinen Unendlichkeiten, die auch unendliche Informationsspeicher erfordern würden. Die Holographie beschränkt jedoch die Freiheitsgrade innerhalb einer Grenzfläche auch für Felder auf eine endliche Anzahl, so dass die Feldtheorie mit ihren Unendlichkeiten nicht das letzte Wort haben kann. Einige Forscher schließen daraus, dass sich die endgültige Theorie nicht mehr mit Feldern oder Objekten in der Raumzeit beschäftigen wird, sondern mit dem Informationsaustausch zwischen physikalischen Prozessen. Das wäre ein völlig neues Paradigma, das starre Objekte durch Kommunikationsprozesse ersetzt.

Aber vielleicht gehen wir die Frage von der falschen Seite an. Der Kosmos scheint keine Grenzen zu haben, wenn man ihn von innen betrachtet. Was aber, wenn der Kosmos tatsächlich nur ein Traum im Informationsraum ist und die Grenzenlosigkeit als Illusion aus diesem Traum resultiert? Dann müsste man den umgekehrten Weg gehen und eine Informationsmatrix finden, deren holografische Projektion einen grenzenlosen Raum erzeugt. Dies ist mit dem Anti-de-Sitter-Raum möglich.

Anti-de-Sitter-Raumzeit

Nach dem holographischen Prinzip ist ein fünfdimensionales Universum, in dem die Superstringtheorie gilt, vollständig äquivalent zu einem vierdimensionalen Universum, das als Hologramm dargestellt wird und in dem die konforme Feldtheorie mit Punktteilchen gilt. Dies wurde mathematisch für den Spezialfall der Anti-de-Sitter-Raumzeit bewiesen. Dabei hängt der Informationsgehalt eines Raumbereichs nicht von seinem Volumen, sondern von seiner Oberfläche ab.

Die Quantenfeldtheorie untersucht die Wechselwirkung kleinster Teilchen wie Elektronen und Photonen. Diese Teilchen existieren in einem Raum-Zeit-Kontinuum, das sich unter extremen Bedingungen wie sehr hohen Energien oder in der Nähe von Schwarzen Löchern verändert. Die Anti-Sitter-Raumzeit ist eine Raumzeit, die diesen extremen Bedingungen sehr nahe kommt und daher für die Quantenfeldtheorie von Bedeutung ist. Sie besitzt eine besondere mathematische Struktur, die als AdS/CFT-Korrespondenz bezeichnet wird.

Diese Korrespondenz besagt, dass die Quantenfeldtheorie in der Anti-Sitter-Raumzeit mathematisch äquivalent ist zu einer höherdimensionalen Theorie, die auf einem flachen Raum-Zeit-Kontinuum definiert ist. Diese höherdimensionale Theorie ist jedoch nicht einfach eine Erweiterung der Quantenfeldtheorie, sondern besitzt eine spezielle holographische Struktur.

Die Anti-Sitter-Raumzeit weist bemerkenswerte Eigenschaften auf, die an die Bilder von MC Eschers «Kreislimit» erinnern. Diese Serie zeigt komplexe Muster aus sich wiederholenden Formen, die spiralförmig angeordnet sind und zum Rand hin immer kleiner werden. Mathematisch ausgedrückt bedeutet dies, dass sich die Formen wie Fraktale zum Rand hin ins Unendliche verlieren. Die Grenzlinie existiert nur perspektivisch und hängt vom gewählten Mittelpunkt ab. Ähnliches gilt für die Anti-Sitter-Raumzeit: Bewegt man sich frei darin, hat man den Eindruck, sich am Boden eines Gravitationspotentials zu befinden, da jeder Gegenstand, den man wegwirft, wieder zurückkommt. Die Zeit bis zur Rückkehr hängt nicht von der Stärke des Wurfs ab, sondern bleibt immer gleich. Selbst wenn man einen Lichtblitz mit maximaler Geschwindigkeit aussendet, entfernt er sich unendlich weit und kehrt doch in endlicher Zeit zurück. Der Grund dafür ist eine Art Zeitkontraktion, die mit der Entfernung vom Beobachter zunimmt und der Oberfläche eines Escherschen Kreises ähnelt.

Möglicherweise hat jeder Punkt im Kosmos seine eigene Kreislinie, auf der alle Informationen des Universums gespeichert sind, die aber nur aus dieser speziellen Perspektive wahrgenommen werden können. Jeder Punkt kann als Perle in Indras Netz betrachtet werden.

Obwohl unsere Wahrnehmung uns glauben lässt, dass wir in einer dreidimensionalen Welt leben, könnte dies nach dem holographischen Prinzip eine Illusion sein. Möglicherweise leben wir in einer zweidimensionalen

Informationsmatrix, die durch redundante Speicherung – wie Indras Netz – ein fraktales, dreidimensionales Universum vortäuscht. Dies ermöglicht die holografische Darstellung unabhängiger Details und Bedeutungen.

2.7. Die Gretchenfrage

„Nun sag', wie hast du's mit der Religion?"
Gretchen in Goethes Faust

Nach intensiver Beschäftigung mit den Grenzbereichen der Physik sind wir zu dem Schluss gekommen, dass die Idee eines holographischen Panpsychismus keineswegs im Widerspruch zur Wissenschaft steht. Man könnte sogar von einem holographischen Pantheismus oder Panentheismus sprechen. Kurz gesagt: Jede Materie ist belebt oder hat eine Innenperspektive, es gibt keine Materie ohne Geist. In jedem Stück Materie steckt ein Funke Geist.

Dieses Konzept klingt vielversprechend. Es entspricht der Vorstellung eines lebendigen Kosmos, wie ihn Mystiker seit Jahrtausenden beschreiben. Was könnte schöner sein?

Allerdings hat dieses Konzept auch eine gewaltige Einschränkung, eine Kehrseite der Medaille. Wenn Materie und Geist zwei verschiedene Erscheinungsformen derselben Essenz sind, dann gilt nicht nur «keine Materie ohne Geist», sondern auch umgekehrt: «kein Geist ohne Materie».

Für die Religion ist dies eine schwierige Situation. Wo ist die Seele vor der Geburt und wo ist sie nach dem Tod, wenn es keinen Geist ohne Materie gibt?

Was wird aus Themen wie Karma, Himmel oder Hölle, Reinkarnation, Jenseits, Sünde, Auferstehung und ewiges Leben? Diese Fragen können plötzlich nicht mehr beantwortet werden, obwohl sie wichtige Bestandteile vieler Religionen sind.

Stimmt mit dieser Herleitung etwas nicht?

Aus diesem Grund wenden wir uns nun dem evolutionären Idealismus zu und betrachten das Konzept aus dieser Perspektive.

3. Evolutionärer Idealismus

Der evolutionäre Idealismus ist in vielen Punkten mit der integralen Theorie identisch. Allerdings habe ich die Ableitung anders vorgenommen und daraus ergeben sich Unterschiede im Detail, die hier von Bedeutung sein werden.

Betrachten wir zunächst die Holons der integralen Theorie und die Unterschiede zu den Holozellen meines Konzepts. Wie ich bereits geschrieben habe, ist einer der Kritikpunkte an den Holons und der Quadrantenlehre, dass zwischen der Materie des eigenen Körpers und der Materie der übrigen Welt unterschieden wird. Diese Kritik trifft auf meine Herleitung nicht zu, wie wir gleich sehen werden. Ken Wilbers Quadrantenlehre sieht wie folgt aus: Da ist erstens der eigene Körper und zweitens die materielle Umwelt, der ganze Kontext, in den wir eingebettet sind und der unseren Körper am Leben erhält. Das heißt, das eine existiert nicht ohne das andere. Dann gibt es das Bewusstsein meines Körpers, das ist mein eigenes Bewusstsein, und dann gibt es das Bewusstsein der Umwelt. Also das, was man Kultur oder Soziologie nennt. Das hat mit dem zu tun, was andere in ihrem Inneren erleben. Das heißt, es gibt eine Trennung zwischen Geist und Materie, und es gibt eine Trennung zwischen Individuum und Kollektiv. Aus diesen beiden Dualismen – Geist / Materie und Individuum / Kollektiv-

– ergeben sich die vier Quadranten. Alle diese Begriffe sind jedoch erst in der frühen Neuzeit entstanden. Mit anderen Worten, die Ableitung der vier Quadranten ist ein Produkt des Denkens im orangen Mem. Es ist ein wissenschaftliches Denken und unterliegt dem rationalwissenschaftlichen Paradigma der Moderne, das die Perspektive der dritten Person einnimmt, um zu einem objektiven Weltbild zu gelangen. Der Nachteil ist die Ausklammerung des Subjekts. Wie müsste ein solches Konzept hergeleitet werden, um diesen Fehler zu vermeiden?

3.1. Quadranten ...

Was haben wir eigentlich, wenn wir in der Welt erscheinen? Oder besser, wenn die Welt zum ersten Mal in uns erscheint? Wenn wir in die Welt kommen, was haben wir an Informationen über die Welt, bevor wir sie ordnen und uns fragen: Wo bin ich hier gelandet?

Es ist eigentlich nur ein phänomenaler Wahrnehmungsfluss. Das heißt, in unserer Wahrnehmung tauchen Informationen auf, verschwinden wieder, andere tauchen auf und verschwinden wieder. Und wir versuchen herauszufinden, wie das alles zusammenhängt. Das ist das Grundlegende. Das ist alles, was wir am Anfang unseres Lebens haben. Das erinnert wieder ein bisschen an die Kugeln in Indras Netz: Wir haben nur Spiegelungen und Reflexionen, die wir zunächst nicht einordnen können, aus denen wir aber eine Welt bauen müssen. Was die einzelnen Informationen im Wahrnehmungsstrom unterscheidet, ist, dass manche schmerzhaft sind, manche lustvoll und manche einfach ein eher neutrales Wohlgefühl sind. Schmerz versuchen wir zu vermeiden, Lust versuchen wir zu erlangen, weil sie schön ist. Und diese Informationen werden vermittelt durch Sinneseindrücke mit Helligkeit, mit Lautstärke, also all diese Informationseingänge, die wir über unsere Sinne bekommen.

Nehmen wir eine dieser möglichen Schmerzempfindungen: Hunger und Durst. Dieses Hunger- und Durstgefühl erzeugt in uns das Bedürfnis, etwas zu trinken. Man kann sagen, dass in uns etwas passiert. Eine Information, Hunger und Durst, führt zu einer anderen Information. Wir haben ein Bedürfnis. Und das führt dazu, dass wir den ganzen Informationsraum in seiner Fülle nach etwas absuchen, das dieses Trinkbedürfnis wie eine Schablone abdeckt. Wir suchen ein Negativ zu einem existierenden Positiv oder umgekehrt. Das heißt, es gibt etwas im Außen, das mit unserem Bedürfnis korrespondiert, mit ihm in Resonanz tritt. Und das ist zum Beispiel eine Milchflasche. Okay, da sollte ich wahrscheinlich lieber eine Mutterbrust nehmen, das wäre natürlicher. Und eigentlich wird das Baby eher das Bedürfnis haben, eine Mutterbrust zu suchen als eine Milchflasche, aber ich habe mich hier für die Milchflasche entschieden, weil ich das später noch als Beispiel brauche für einen anderen Teil der Erklärung.

Wir haben also zunächst drei Komponenten: einen Mangel in unserer *körperlichen* Konstitution, der zu einem Bedürfnis in unserem *Geist* führt, und ein Objekt in der *Außenwelt*, das dieses Bedürfnis befriedigen kann. Diese drei Komponenten lassen sich leicht in Wilbers Quadranten einordnen. Aber wir haben diese Quadranten nicht, wenn wir Babys sind. Sie sind theoretische Konstrukte, die später aufgrund unseres rationalen Paradigmas über den Wahrnehmungsstrom gelegt werden. Was haben wir also, um diese Komponenten irgendwie zu ordnen?

Erst einmal nichts. Jeder Eindruck im Wahrnehmungsstrom steht für sich. Aber es ist ein Merkmal von Intelligenz – und damit meine ich jetzt nicht die menschliche Intelligenz, die ist nur ein Spezialfall dieser natürlichen Intelligenz, der Intelligenz jeder Innenperspektive, von der ich hier spreche – es ist also ein Merkmal von Intelligenz, dass Muster erkannt werden. Eindrücke, die immer zusammen auftreten, werden auch als zusammengehörig empfunden. Zwischen den Erscheinungen entstehen Bedeutungen. Eine Erscheinung im Bewusstsein gibt einer anderen Erscheinung Bedeutung, indem das Erscheinen der einen die Erwartung erhöht, dass auch die andere erscheinen wird. So beginnt sich die Welt der unzusammenhängenden Erscheinungen im Wahrnehmungsstrom zu strukturieren. Einige Wahrnehmungen folgen aufeinander, und die Bedeutungen dieser Verbindungen erzeugen eine Vorstellung von Zeit. Einige Wahrnehmungen weisen auf ein Außen und ein Innen hin. Wenn das Baby in die Bettdecke beißt, passiert nichts, wenn es in den Daumen beißt, tut es weh. Die Wahrnehmungen beginnen sich vom Ort des Hier und Jetzt im Bewusstsein zu entfernen und ordnen sich in einem Raster von Zeit und Raum. Das sind nach Kant auch die Grundkategorien des Verstandes. In unserem Fall folgt das Trinkbedürfnis dem Nahrungsmangel im Körper und die Suche nach außen und die anschließende Befriedigung durch Trinken folgt dem Bedürfnis.

Wenn man es auf der rationalen Ebene beschreibt, kann man sagen, dass es ein Ungleichgewicht in der Homöostase des materiellen Systems gibt. Es ist zu wenig Wasser und Nahrung im System. Und dieser Mangel muss ausgeglichen werden. Das heißt, dieses notwendige Fließgleichgewicht ist aus dem tolerierbaren Bereich geraten, weil zu wenig Materie hinzugekommen ist, während auf der anderen Seite Materie den Körper verlassen hat. Deshalb gibt es diesen Mangel, der zu einer offenen Gestalt in unserem Geist führt, wie es in der Gestalttheorie heißt. Wir haben ein bestimmtes Bild im Kopf, das wir vervollständigen müssen. Und da scannen wir jetzt alle Informationen im Wahrnehmungsstrom ab, ob wir das Gegenbild dazu entdecken, das die Gestalt wieder schließt. Und diese Babyflasche kommt dann in unseren Fokus, wenn wir schon gelernt haben, dass da Milch drin ist. Das scheint genau das zu sein, was wir brauchen, um die offene Form zu schließen. Und damit können wir den Schmerz des Hungers und des Durstes beenden. Man erkennt also als in die Welt gesetztes Wesen, dass es Dinge gibt, die in der eigenen Macht liegen, die dem eigenen Willen unterliegen. Und dann gibt es Dinge, die scheinbar nichts mit mir zu tun haben. Die sind irgendwo anders. Und wenn ich da dran will, wenn ich diese Dinge manipulieren will, dann muss ich mir andere Strategien überlegen, weil das nicht direkt geht. Und damit haben wir eine erste Trennung zwischen innen und außen. Das ist eine räumliche Trennung. Und dann haben wir Vergangenheit und Zukunft. Denn Hunger und Durst sind ja die Erinnerung daran, dass unser Körper einen Mangel hat, weil wir in der Vergangenheit zu wenig getrunken haben. Das Bedürfnis zu trinken ist auf die Zukunft gerichtet. Das heißt, es gibt eine Zukunft, die anders ist als die Gegenwart, nämlich ohne Schmerz, ohne Hunger und Durst. Und das ist unsere Erwartung, unser Bedürfnis und manchmal auch unsere Angst, je nachdem. Aber es ist die Zukunft.

Und so kommen wir dazu, dass es neben dem Objekt Milchflasche auch ein Objekt Mutter gibt, im Außen. Es gibt nicht nur die Milchflasche, es gibt auch eine Mutter. Und diese Mutter hat ein Innenleben, das Subjekt Mutter. Und dieses Subjekt Mutter hat sich in der Vergangenheit gedacht, es könnte sein, dass mein Kind demnächst Hunger hat, ich mache schon mal vorsorglich die Milch warm. Das heißt, alles, was wir als Objekte im Außen vorfinden, hat seinen Grund in der Vergangenheit, in der Subjektivität dieser Objekte, die in der Vergangenheit schon da waren.

Damit haben wir die vier Quadranten. Die Struktur, die sich aus der Wiederholung solcher Bedeutungszusammenhänge ergibt, ist eine Bedeutungs-Raum-Zeit-Matrix. Wobei dieser Raum kein objektiver, kartesischer Raum mit drei Dimensionen ist, sondern eine Dualität von Innen und Außen. Die physische Bühne mit ihren drei Raum- und einer Zeitdimension hat sich viel früher als intersubjektive Gewohnheit der kleinsten Holons auf subatomarer Ebene herausgebildet. Wir sind in sie hineingestellt und finden sie als gegeben vor. Aber der Bedeutungsraum ist zweidimensional: *Erinnerung* und *Erwartung* auf einer Achse, *Selbst* und *Welt* auf der anderen.

In der Mitte gibt es einen Schnittpunkt zwischen Erinnerung und Erwartung, zwischen Ich und Welt. Und das ist das Hier und Jetzt. Das ist eigentlich das Einzige, was wir wirklich haben. Der Wahrnehmungsstrom findet ausschließlich im Hier und Jetzt statt. Aber wir projizieren die Information dieses Stroms in den Bedeutungsraum. Ist es das, was aus der Vergangenheit kommt? Ist es das, was wir in der Zukunft verändern wollen? Ist es im Außen? Spüre ich es in mir? Das sind Interpretationen. Und damit kommen wir zu einer Aufteilung, nicht von Geist und Materie auf der einen Seite und Individuum und Kollektiv auf der anderen Seite, wie in den Quadranten der integralen Theorie, sondern wir kommen zu einer Aufteilung, die heißt *Erinnerung* und *Erwartung* auf der einen Seite und *Selbst* und *Welt* auf der anderen Seite. Es handelt sich nicht mehr um eine objektive, physikalisch feststellbare, sondern um eine rein phänomenologische Quadranteneinteilung. So wie das kartesische Raum-Zeit-Modell die objektive Realität mathematisch erfasst, kann der Bedeutungsraum als Ergänzung dazu die subjektive Realität archetypisch erfassen und beschreiben.

Auf der einen Seite ist der eigene Körper nichts anderes als die Materie, die wir von innen her spüren und die als solche die Vergangenheit des Innenraums darstellt, die Manifestation dessen, was wir in der Vergangenheit erlebt haben. In Kombination von *Selbst* und *Erinnerung*.

Dann gibt es die Innenperspektive, also das, was unsere Intention, unsere geistige Imagination, unsere Selbstwahrnehmung und unsere Vorstellungen betrifft. Hier geht es um die Zukunft des *Selbst* in all seinen *Erwartungen*.

Als Drittes präsentiert sich uns die materielle Außenwelt. Sie ist die Summe all dessen, was wir draußen mit unseren Sinnen wahrnehmen. An diesen Dingen der *Welt* machen sich unsere *Erwartungen* fest.

Und dann gibt es die Innenperspektive dieser Außenwelt, die diese materielle Welt geschaffen hat, weil sie in der Vergangenheit bestimmte Absichten verwirklicht hat. Hier ist die *Erinnerung* der *Welt* gespeichert.

Phänomänologische Quadranten

Ob man nun links die Erinnerung und rechts die Erwartung zeichnet oder umgekehrt, ist nicht wichtig. Ich habe mich dafür entschieden, weil es auch psychologisch und von der künstlerischen Symbolik her unserem Empfinden entspricht. Das kann aber in Gesellschaften, die in ihren Schriftsystemen von rechts nach links schreiben, durchaus anders sein.

Wichtig ist, dass sich die materielle Außenwelt und die Materie des eigenen Körpers diagonal gegenüberstehen und nicht mehr auf einer Seite, wie bei den integralen Quadranten. Damit wird auch klar, warum die Kritik an den integralen Quadranten hier nicht greift. Denn hier wird deutlich, dass die Thematik eine ganz andere ist. Während es bei der materiellen Außenwelt tatsächlich um die vorgefundene Materie in der Raumzeit geht, hat man es auf der anderen Seite nicht einfach nur mit dem eigenen Körper als materiellem Objekt zu tun, sondern es geht um die Bereiche der objektiven Wirklichkeit, die ich von innen erlebe. Wenn ich meine Hand irgendwo hinlege, dann kann ich spüren, ob es kalt ist oder warm, ob es rau ist oder glatt, ob es weich ist oder hart. Und das kann ich, weil ich die Materie meiner Finger BIN! Ich erlebe sie von innen heraus. Denn wie genau funktioniert es, dass ich kalte von warmen Gegenständen unterscheiden kann? Ich lege meine Hand auf ein kaltes Metallstück und das Metall entzieht meinen Fingern die Wärme. Meine Finger werden kalt und DAS spüre ich. Wenn ich meine Hand auf ein Stück Styropor lege, das genauso kalt ist wie das Metallstück, spüre ich diese Kälte nicht, weil das Styropor die Wärme nicht so gut leitet und deshalb die Wärme nicht von meinen Fingern wegzieht. Alles, was ich fühle, fühle ich, weil sich mein Körper verändert. Wenn ich Licht sehe, spüre ich die Veränderungen auf meiner Netzhaut. Wenn ich einen Ton höre, spüre ich den Schalldruck an meinem Trommelfell. Ich nehme die Welt wahr, weil sie meinen Körper verändert. Und ich erlebe diesen Körper von innen heraus, weil ich dieser Körper bin. Und ich kann diesen Körper von innen her willentlich bewegen. Ich kann meine Finger von innen heraus bewegen, nur durch meinen Willen. Alles andere in der Welt kann ich nur indirekt bewegen, indem ich es irgendwie manipuliere. Und alles andere in der Welt erlebe ich nicht von innen. Ich erlebe es nur, weil von diesen Dingen Signale ausgehen, die meinen Körper verändern. Und das ist das entscheidende Kriterium, warum es legitim ist, den Körper und die materielle Außenwelt voneinander zu trennen, in zwei völlig isolierte Quadranten. Das wird übrigens auch dann relevant, wenn es einmal um das Thema Transhumanismus geht, der das, was man seinen Körper nennt, stark verändern kann.

Und noch etwas ist wichtig: Drei der vier Quadranten habe ich direkt in der Erfahrung. Das sind die Informationen, die ich direkt erhalte. Während ich den vierten Quadranten links oben, die Innenseite der Außenwelt, nur indirekt erfahren kann. Das muss ich mir erschließen, das muss ich mir erarbeiten. Das ist nichts, was mir direkt präsentiert wird. Ich komme nur durch indirekte Schlussfolgerungen darauf, dass es diesen Quadranten geben muss. Deshalb ist es für viele so schwer zu verstehen, dass die Trennung zwischen Totem und Lebendigem so willkürlich und unsinnig ist. Der Zugang zu diesem vierten Quadranten gelingt dem Menschen fast automatisch. Niemand denkt daran, dass die Gemüsehändlerin, die freundlich die Tomaten über die Theke reicht, kein Innenleben haben könnte. Bei Tieren ist das schon schwieriger, und je weiter etwas in seiner Ausdrucksform vom Menschen entfernt ist, desto eher wird ihm ein Innenleben abgesprochen. Das liegt daran, dass wir diesen vierten Quadranten nicht direkt erfahren können.

Um es noch einmal zu sagen: Die Einteilung der Quadranten erfolgt also nicht wie in der integralen Theorie nach Geist-Materie und Individuum-Kollektiv, sondern rein phänomenal nach Erinnerung-Erwartung und Selbst-Welt. Wobei sich Selbst und Welt darin unterscheiden, ob ich die Materie von innen erlebe oder von innen steuern kann.

Dieses Grundraster basiert also auf unserem inneren Erleben von Raum und Zeit. Und wenn wir von Raum und Zeit sprechen, können wir uns sehr gut vorstellen, was Raum ist. Auch wenn es hier um Innen- und Außenraum geht. Was aber ist Zeit? Wir haben schon bei der Diskussion über den Monismus gesehen, dass es sich um eine andere Form des Monismus handelt als die der Naturwissenschaften. Alles besteht aus Holozellen. Und Holozellen sind Muster, an die sich Subholons anlagern. Und natürlich ist auch das kleinste Holon, das Elementarteilchen, ein Holon. Aber diese Holons existieren nur mit unterschiedlichen Wahrscheinlichkeiten. Und deshalb muss ich jetzt einen kleinen Ausflug in die Quantentheorie machen. Denn die erklärt, was Zeit eigentlich ist.

3.2. ... und Quanten

In der Quantentheorie gibt es zunächst nur Felder, alle Materie besteht aus nur drei Teilchen: Elektronen, up-Quarks und down-Quarks. Die Kombination von drei dieser Quarks erzeugt Neutronen und Protonen, die zusammen mit den Elektronen die Materie bilden. Die restlichen Teilchen – insgesamt 17, darunter 6 Quarks, 6 Leptonen, 4 Bosonen und das Higgs-Teilchen – sind für die Wechselwirkung der Materie untereinander notwendig, um sich zu binden, Masse zu erzeugen oder andere Prozesse durchzuführen. Aber die Materie selbst besteht nur aus diesen drei Teilchen. Wichtig ist, dass diese drei Teilchenarten nur als Wahrscheinlichkeitsfelder existieren, die miteinander verknüpft sind. Der Kosmos besteht aus einer einzigen Quantenfunktion, die die Informationsmatrix des kosmischen Hologramms darstellt. Diese Quantenfunktion ist zeitinvariant und kann in alle Richtungen berechnet werden, ohne eine vorgegebene Zeitrichtung. Vergangenheit und Zukunft sind identisch.

Wenn jetzt aber bestimmte Wahrscheinlichkeits-Muster so miteinander interagieren, dass eine Dekohärenz entsteht, das heißt, dass Interferenzen entstehen, die schwer wieder aufzulösen sind, weil Interferenzen immer dafür sorgen, dass Dinge ausgelöscht werden, dann kommt es zum Quantenkollaps und ein Teilchen erscheint in der Realität. Es wird also aus Wahrscheinlichkeit Wirklichkeit. Gleichzeitig wird alles neben dieser Wirklichkeit, also alles, was ebenso wahrscheinlich gewesen wäre, aus der Quantenfunktion gelöscht. Diese Information existiert nicht mehr.

Wie kommt es zu dieser Dekohärenz?

Entscheidend ist die Wechselwirkung zwischen zwei Teilchen. Nur dann kommt es zum Kollaps. Ein einzelnes Teilchen kann nicht wechselwirken. Erst wenn zwei Teilchen miteinander kollidieren, entsteht so etwas wie Realität. Diese beiden Teilchen springen in die Realität und sind plötzlich da, während die Information darüber, was aus ihnen hätte werden können, gelöscht wird. Aus diesem Prozess entsteht unsere Wirklichkeit. Von diesem Moment an gibt es kein Zurück mehr. Die Zukunft ist das, was noch berechenbar ist, und alles, was vorher war, ist Vergangenheit. Der Quantenkollaps selbst erzeugt Zukunft und Entropie. Denn das ist der Grund, warum wir die Zahnpasta aus der Tube herausdrücken können, aber nur weil wir die Faust öffnen, die Zahnpasta nicht wieder in die Tube hineinsaugen können. Wenn wir das in einem Film sehen, wissen wir sofort, dass der Film rückwärts läuft, weil es der Entropie widerspricht. Es funktioniert einfach nicht, weil es unwahrscheinlich ist. Die schiere Masse der Quantenereignisse sorgt dafür, dass nur das Wahrscheinliche passieren kann, auch wenn auf der Quantenebene alles möglich ist. Auch wenn es durchaus im Bereich des Möglichen liegt, 20 Mal hintereinander eine Sechs zu würfeln, wird sich bei Millionen oder Milliarden von Würfen immer ein statistischer Mittelwert einstellen. Die Zahnpasta kommt nicht zurück in die Tube, weil es den Quantenkollaps gibt und der Quantenkollaps löscht einfach sehr viel Information, die notwendig wäre, um das zurückzurechnen. Diese Löschung von Information aus dem Wahrscheinlichkeitsfeld erzeugt den Zeitpfeil. Diese Löschung findet aber nur statt, wenn mindestens zwei Teilchen an dem Prozess beteiligt sind. Wirklichkeit ist das Ergebnis einer Beziehung. Kein Teilchen ist an sich wirklich. Es existiert, weil es mit einem anderen Teilchen Informationen austauscht und die beiden Teilchen voneinander «wissen». Daraus folgt, dass es auch im Quantenbereich kein «Ich» ohne ein «Du» gibt. Es ist immer die Wechselwirkung zwischen zwei Teilen, die ein «Etwas» überhaupt erst entstehen lässt. Das Ich existiert nur, weil es ein korrespondierendes Du gibt. Wirklichkeit entsteht nur aus den Beziehungen zwischen den Dingen. Nicht aus den Dingen selbst. Auch hier ist das Wesentliche nicht das Ding, sondern die Bedeutung, die es für ein anderes Ding hat.

So funktioniert es also: Nachdem ein Teilchen in der Realität konkret war, weil es mit einem anderen Teilchen interagiert hat, löst es sich wieder in die Wahrscheinlichkeit eines Quantenschaums auf. Und diese Wahrscheinlichkeit, wo es sein könnte und welchen Bewegungsimpuls es haben könnte, breitet sich im Raum aus. Und dann fängt es wieder an, mit einem anderen Teilchen zu wechselwirken, und plötzlich ist es wieder an einem bestimmten Punkt. Und alles andere, wo es hätte sein können, ist ausgelöscht. Diese Information ist nicht mehr da. Und dann, wenn die Wechselwirkung vorbei ist, die Wechselwirkung dauert eine Weile, aber wenn sie vorbei ist, wenn das Teilchen nicht mehr mit dem anderen Teilchen wechselwirkt, dann wird es wieder zu einem Quantennebel. Es ist wieder Wahrscheinlichkeit. In diesem Bereich gibt es keine Zeit. Sobald aber ein Teilchen durch eine Wechselwirkung entsteht und der Rest ausgelöscht ist, gibt es nichts mehr, was man zurückrechnen könnte, und so entsteht der Zeitpfeil. Es gibt eine klare Vergangenheit und eine klare Zukunft, als Emergenz von Beziehungen zwischen den Dingen.

4. Jenseits der Grenzen

Nun, was haben wir bis jetzt?

Die Wirklichkeit ist eine Quanteninformationsmatrix, die wie Indras Netz ein fraktales Hologramm erzeugt, dessen ko-kreative Teile, die Holons, die Wirklichkeit durch intersubjektive Bedeutungsprojektion erzeugen. Während unseres Lebens sind wir in diese Wirklichkeit eingebunden und interpretieren den auftauchenden Wahrnehmungsstrom, indem wir die Information entsprechend unserer Erfahrung in diese vier Richtungen projizieren. Dies ermöglicht es uns, in dieser Welt zu überleben und mit anderen zu kommunizieren, da es sich um einen gemeinsamen Prozess handelt. Die Theorie des Monismus besagt, dass es in jedem Holon eine Innenperspektive gibt, die natürlich nicht mit einem Ich-Bewusstsein verwechselt werden darf. So haben auch Elementarteilchen ein «inneres Erleben». Aber genau genommen unterscheiden sich Holons höherer Ordnung nicht prinzipiell von rudimentären Holons. Es ist keine Einbahnstraße. Was für kleine Holons gilt, gilt auch für große Holons und umgekehrt.

Nimmt man die einheitliche Quantenfunktion als Metapher für die göttliche Einheit und die reale Realität des Teilchens als Metapher für ein von der Einheit getrenntes Holon im Hier und Jetzt, dann bedeutet dies, dass bei der Geburt jedes Holons so etwas wie ein Quantenkollaps stattfindet. Und beim Tod löst sich das Holon wieder in Wahrscheinlichkeitsrauch auf und vereinigt sich wieder mit der göttlichen Einheit.

Betrachten wir unter diesem Gesichtspunkt noch einmal die Situation in den verschiedenen Phasen dieser Wirklichkeit. Ich verwende dazu Begriffe aus dem tibetischen Buddhismus, weil es in dieser Religion eine differenziertere Benennung dieser Lebensphasen gibt. Der Begriff «Bardo» bedeutet «Zwischenzustand», und genau das ist auch im evolutionären Idealismus gemeint: Jede Phase ist ein Zwischenzustand. Der Begriff «Shinay-Bardo» bezeichnet den Zwischenzustand des „normalen" Wachbewusstseins, der allgemein als der bekannteste Zustand des Menschen angesehen wird. Es ist der Zwischenzustand zwischen Geburt und Tod. Also unsere normale Lebensspanne. Es gibt also drei Entwicklungsrichtungen: Während der Lebensspanne die Richtung von *Geburt zu Tod*, also der normale Zeitpfeil. Aber vor der Geburt gibt es die Entwicklung *von der Ganzheit zum Individuum* und nach dem Tod wieder *vom Individuum zur Ganzheit*. Dies geschieht durch eine Drehung, einen Spin der Quadranten innerhalb der Informationsmatrix. Zeit und Raum tauschen beim Info-Spin ihre Rollen, wie am Ereignishorizont eines Schwarzen Lochs.

4.1. Shinay-Bardo

Legen wir den Zeitpfeil und unsere Interpretation der vier Quadranten auf ein Schema unserer Lebenszeit. Unsere Zukunft wird langsam zur Vergangenheit, die Wahrscheinlichkeit zur Realität oder die Erwartung zur Erinnerung. Es gibt eine klare Aufteilung, wo welche Information wie interpretiert wird. In unserer normalen Realität ist das ganz klar. Da haben wir die Geburt als Grenze am einen Ende und nach der Lebensspanne kommt der Tod als Grenze am anderen Ende. Und darüber legen wir die vier Bedeutungsquadranten.

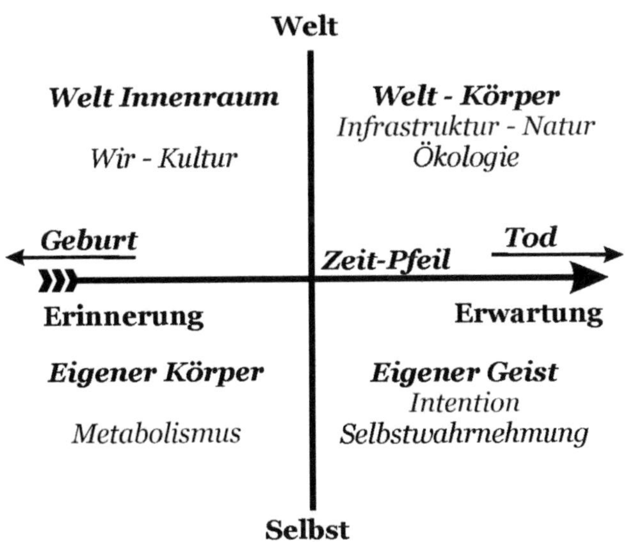

Das ist die Situation, wie wir sie kennen und wie ich sie bei der Ableitung der Quadranten beschrieben habe. Diese Einteilung zeigt unsere Wirklichkeit.

Was passiert nun, wenn wir dieses Raster der phänomenalen Quadranten genau auf den Zeitpunkt des Quantenkollapses, also auf die Geburt des Holons legen? Vorher gab es das nicht. Es gab dieses Teilchen in der Realität nicht. Woher kommt es? Es kommt aus der Einheit, aus der Ganzheit. Diese Ganzheit müssen wir oben ansiedeln, weil sie die ganze Welt umfasst. Für uns, die wir schon in dieser Welt sind und den Quantenkollaps beobachten, geschieht dieser Kollaps in einem winzigen Augenblick. Im Bruchteil einer Sekunde löst sich das Teilchen aus dem Ganzen und erscheint in der Welt. Aber aus der Perspektive des Teilchens geschieht etwas ganz anderes. Denn das Teilchen muss aus der Ganzheit der göttlichen Einheit herabsteigen in die materielle Realität des Hier und Jetzt. Jetzt wird es interessant, wenn wir uns in die Phasen jenseits der Grenzen dieses Lebens begeben.

4.2. Sipa-Bardo

Im tibetischen Buddhismus wird die Phase vor der Geburt Sipa-Bardo genannt. Wir müssen nun das Raster so umdrehen, dass der Zeitpfeil von der Ganzheit zur Individuation zeigt, vom Quantenfeld zum Raum-Zeit-Quantenkollaps. Damit dreht sich unsere bisherige Realität um 90°.

Drei unterschiedliche Zeitpunkte der phänomänologischen Quadranten vor der Geburt

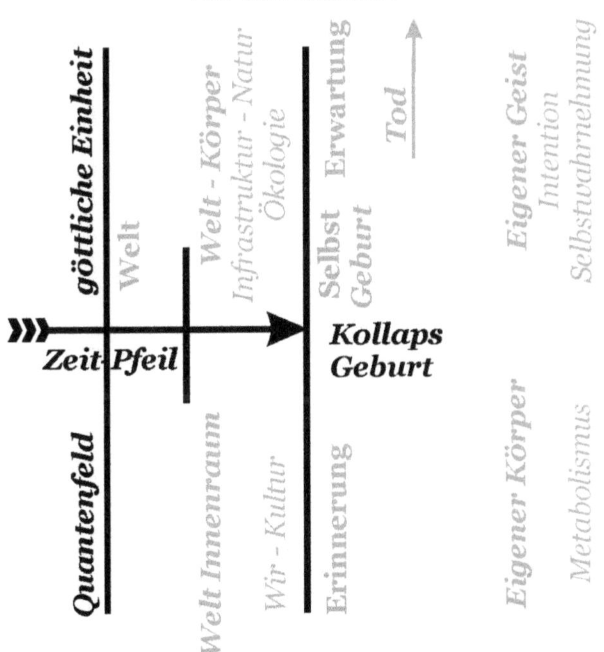

Ich habe drei unterschiedliche Zeiten eingezeichnet: Die senkrechte Linie ganz links markiert den Zeitpunkt, an dem sich das Holon aus der Ganzheit löst und zur Individuation ansetzt. Die rechte Linie ist die eigentlich Geburt innerhalb der Raumzeit des Kosmos und die kurze senkrechte Linie in der Mitte ist ein Zeitpunkt irgendwo dazwischen. Es ist wichtig zu verstehen, dass diese drei Punkte aus unserer Sicht im selben Moment liegen. Die phänomenale Erfahrung des Holons ist jedoch eine Vertauschung von Zeit und Raum.

Die phänomenalen Quadranten im ersten Beispiel, in dem das Holon gerade die göttliche Ganzheit verlässt und sich auf den Weg zur Individuation macht, haben folgende Inhalte:

- Links-unten, der eigene Körper, also das, was man von innen spürt und von innen bewegen kann und was sich aus ***Selbst*** und ***Erinnerung*** zusammensetzt, beinhaltet die Vergangenheit der göttlichen Ganzheit. Die gesamte Quantenfunktion in ihrem Werden als untrennbare Einheit bis zum Zeitpunkt der Geburt wird vom Holon als eigene, körperliche Existenz empfunden.

- Rechts-unten, d.h. das eigene spirituelle Innenleben mit allen psychischen Intentionen und Identifikationen, finden wir im Kosmos, der die Ganzheit als ein

Konglomerat von fragmentierten und isolierten Holons spiegelt. Der gesamte Kosmos in seiner materiellen Existenz wird als eine Innenansicht des Selbst empfunden, als das, was eine Kombination von ***Erwartung*** und ***Selbst*** ist. Das Gewebe des Kosmos hat sich zu diesem Zeitpunkt so entwickelt, dass ein entsprechend passendes Holon aus der Ganzheit abgerufen wird. Dieses dreht sich aus der Ganzheit heraus und in diesen Punkt der Raumzeit hinein.

- Rechst-oben, das, was als materielle Außenwelt erlebt wird, also die Quelle von sinnlichen Erfahrungen, ist der gesamte Kosmos in seinen zukünftigen Möglichkeiten als ***Welt*** und ***Erwartung***. Hier ist noch das gesamte Potential der Quantenwahrscheinlichkeiten enthalten. Hier kommt es zu Sympathien und Antipathien des Holons mit verschiedenen Details dieses Potentials und zu hypnotischen Fixierungen bestimmter Wahrnehmungen, die in den Fokus geraten. So verursacht die selektive Aufmerksamkeit des Holons das, was man in der Quantenmechanik den Zufall des Kollapses nennt, welche Potenziale sich realisieren und welche nicht, was bisher unverstanden ist, weil es keine kausale Erklärung dafür gibt.

- Links-oben – hier befindet sich die ***Erinnerung*** der ***Außenwelt*** – in dem nicht direkt wahrnehmbaren Quadranten, der das Innenleben der Außenwelt darstellt, befindet sich die göttliche Ganzheit, die ungeteilte Quantenfunktion in ihrem vollen Potential. Das ist das, was das Holon als erstes aus den Augen verliert, wenn es beginnt, sich von der Ganzheit zu trennen.

Im Zwischenbereich, während das Holon sich von der Ganzheit entidentifiziert, erlebt es diesen Prozess der Individuation, indem sich ***Erwartung*** mehr und mehr in ***Erinnerung*** verwandelt.

- Links-unten enthält der eigene Leib, also das, was man von innen her spürt und von innen her bewegen kann und was aus ***Selbst*** und ***Erinnerung*** besteht, nicht mehr die göttliche, ungeteilte Ganzheit. Immer mehr des vergangenen materiellen Kosmos wird zum eigenen Körper. Das Holon erlebt und bewegt den Kosmos von innen heraus, indem es sich mit ihm identifiziert. Immer mehr Erwartungen werden zu Erinnerungen, immer mehr Ideen zu starren Manifestationen, bis sich die komplexe Infrastruktur des Kosmos als Vorbereitung für die Geburt des Holons realisiert und manifestiert hat.

- Rechts-unten, d.h. das eigene geistige Innenleben mit allen seelischen Intentionen und Identifikationen, verengt und konzentriert sich immer mehr auf den engen

Raum, in dem schließlich die Geburt stattfinden wird. Das, was ***Erwartung*** und ***Selbst*** ist, verliert an Substanz, je mehr Entscheidungen für bestimmte Potentiale einer Außenwelt getroffen werden, die nach der Geburt zur Zukunft werden.

- Rechts-oben, das, was als materielle Außenwelt erlebt wird, also die Quelle der sinnlichen Erfahrung, die zukünftigen Möglichkeiten als Kombination von ***Welt*** und ***Erwartung***, verschwindet auch immer mehr auf dem Weg von der Ganzheit zum Individuum und leert das Bewusstsein des Holons als Vorbereitung für den Eintritt in die Realität unserer Wirklichkeit.

- Links-oben hingegen – das ***Erinnerung*** der ***Außenwelt*** – füllt sich mit dem, was das zukünftige Potential einer kommenden Wirklichkeit ausmacht. Immer mehr von dieser Welt gerät in Vergessenheit, und was bleibt, ist ein helles, formloses Licht als Ahnung einer Ganzheit, die sich hier manifestieren will. Als Innenleben einer Welt, die dem Holon auf dem Weg zum Individuum immer mehr verborgen bleibt.

Wenn wir den Punkt erreicht haben, an dem das Holon in der dreidimensionalen Realität unseres Kosmos erscheint und die Individuation abgeschlossen ist, verbleiben die folgenden Inhalte in den phänomenologischen Quadranten und bereiten die Drehung der Interpretation der Informationsmatrix vor, so dass Zeit und Raum wieder ihre Rollen tauschen können:

- Links-unten empfindet das Holon die gesamte materielle Vergangenheit des Universums als seinen eigenen Körper. ***Selbst*** und ***Erinnerung*** bestehen aus allen Ereignissen des Kosmos, die für die Entstehung des physischen Systems notwendig waren, mit dem sich das Holon in der Realität des Kosmos identifiziert.

- Rechts-unten, d.h. das eigene geistige Innenleben mit allen psychischen Intentionen und Identifikationen, was als ***Erwartung*** und ***Selbst*** erlebt wird, ist das eigentliche materielle System des Holons. Kurz vor der Drehung erlebt das Holon den zukünftigen Körper als innere Gestimmtheit, als seelische Intention, als Willensimpuls und identifiziert sich zu 100% mit diesem Körper, was schließlich die Drehung der Raum-Zeit-Erfahrung einleitet.

- Rechts-oben, aus dem Bereich, der als materielle Außenwelt erlebt wird, also die Quelle sinnlicher Erfahrungen als Kombination von ***Welt*** und ***Erwartung*** darstellt, ist der reale Kosmos nun vollständig verschwunden. Was bleibt, sind Wahrnehmungen der Wege, die das Holon in seinem weiteren Leben gehen will.

- Links-oben – die ***Erinnerung*** der ***Außenwelt*** hat sich nun vollständig entleert und der aus dem Fokus verschwundene Inhalt ist frei, als reale dreidimensionale Außenwelt interpretiert zu werden, die es nun nach der Drehung zu erfahren und einzuordnen gilt. Nun, da der Weg der Individuation vollendet ist, wird der gesamte zukünftige Kosmos zu etwas, das uns nicht mehr bewusst ist.

Während dieser Individuation, bei der das Holon den Raum vom Rand des Kosmos, wo die holographische Informationsmatrix im Anti-Sitter-Raum gespeichert ist, bis zu seinem Geburtsort durchquert, hat dieser Raum eine ähnliche Eigenschaft wie für uns die Zeit. Es gibt keine Möglichkeit anzuhalten, wie wir es im Raum tun können. Das Holon wird in der Phase der Individuation vom Raum so gnadenlos mitgerissen wie wir von der Zeit. Und so erlebt das Holon den Raum: als Zeit. Dann drehen sich die Eigenschaften von Raum und Zeit und das Holon ist in der Welt.

Dann wird das Holon von der Zeit mitgerissen, vom Moment der Geburt bis zum Moment des Todes.

4.3. Tschönyi-Bardo

Nun findet eine erneute Drehung statt und die nächste Zwischenphase zwischen Leben und göttlicher Einheit beginnt. Die Phase der Deindividuation, der Rückkehr zur Ganzheit.

Die phänomänologischen Quadranten nach dem Tod

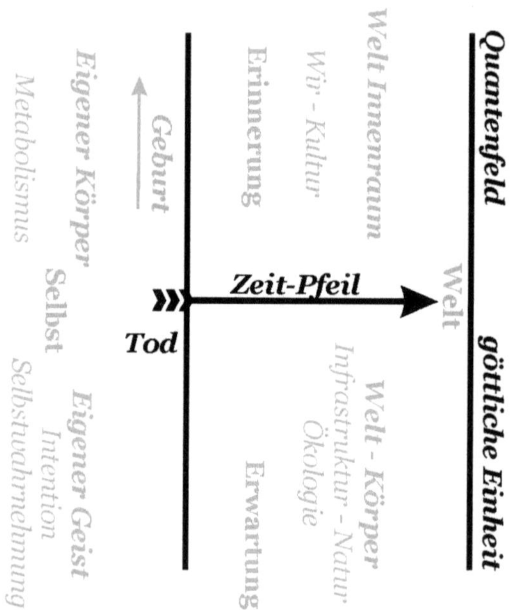

- <u>Links-unten</u> liegt der Quadrant nun auf dem Bereich, der gerade noch die Intentionen, Wünsche, Hoffnungen, Befürchtungen und Erwartungen des Selbst ausgemacht hatte. Nun hat sich dieser Bereich in ***Selbst*** und ***Erinnerung*** gewandelt. Der geistige Inhalt, die Psyche, oder die Seele, wie man sagt, wird für das Holon zum Körper der nächsten Phase. Bei der Annäherung an die Einheit wird immer mehr des materiellen Kosmos in diese Erfahrung der Körperlichkeit integriert. Beginnend beim direkten Umfeld und schließlich in immer größeren Kreisen den ganzen Kosmos umfassend.

- <u>Rechts-unten</u>, also das eigene geistige Innenleben mit allen psychischen Intentionen und Identifikationen, das, was als ***Erwartung*** und ***Selbst*** erlebt wird, setzt sich in dieser Phase kurz nach dem Tod aus dem gesamten materiellen Kontext zusammen, den das Holon beim Tod hinterlässt. Es spürt die Folgen seines Tuns direkt als eigene Ängste, Hoffnungen und Erwartungen. Mit zunehmendem Zeitablauf, also mit Annäherung an die Ganzheit, nähert sich diese Innenerfahrung der Göttlichkeit an.
  Oft wird gesagt, wenn jemand stirbt, lebt er in unserer Erinnerung weiter, solange wir ihn nicht vergessen. Aber das stimmt so nicht. Es ist umgekehrt: Wir sind Bestandteil des Toten. Wir leben in ihm weiter. Es ist

eine völlig andere Sicht der Dinge. Das heißt, dass er in seinen eigenen Empfindungen während er sich auf den Weg zurück zu Gott macht, merkt, was wir über ihn denken, was er sozusagen materiell in dieser Welt hinterlässt.

- Rechts-oben, der Bereich, der als materielle Außenwelt erlebt wird, also die Quelle sinnlicher Erfahrungen als Kombination von ***Welt*** und ***Erwartung*** darstellt, wird in dieser Phase mit dem Innenleben der Außenwelt gefüllt. Was dem Holon nun als Welt gegenüber steht, ist die direkte Wirkung seiner Taten während des Lebens auf das innere Erleben seiner Umgebung. Beginnend mit dem direkten Umfeld wird der Zeitablauf dieser Bardophase erlebt, indem das Erleben der Wirkungen des eigenen Tuns des Holons immer größere Kreise zieht und vom direkten Umfeld ausgehend die emotionalen und archetypischen Wirkungen auf den ganzen Kosmos ausdehnt.

- Links-oben – die ***Erinnerung*** der ***Außenwelt,*** d.h. der Bereich, den wir nicht direkt erfahren, enthält nun die Körperlichkeit des Holons während der Lebenszeit. Mit anderen Worten: Nach dem Tod ist der physische Körper aus der Wahrnehmung verschwunden.

Für die Angehörigen eines Sterbenden findet der eigentliche Tod zu einem bestimmten, kurzen Zeitpunkt statt. Für den Sterbenden selbst ist es ein zeitlicher Prozess der Wiedereingliederung in die Ganzheit des Kosmos, die ungetrennte Einheit der Quantenfunktion. Dieser als zeitlich erlebte Prozess des Erwachens löst die Identifikation mit nur einem Teil des Kosmos auf und erhellt allmählich die Erkenntnis, dass das Holon alles ist.

4.4. Co-Kreation des Kosmos

Betrachten wir nun die Gesamtansicht eines solchen Lebenszyklus eines Holons in den Phasen der Separation, also der Trennung von Gott:

- Links haben wir die Involution, also den vorgeburtlichen Bardo-Zustand (Sipa-Bardo). Der innere Raum des Individuums erstreckt sich vom Zeitpunkt der Geburt bis in die Vergangenheit des Kosmos und der äußere Raum erstreckt sich in die Zukunft der Lebenszeit des Holons.
- Dann kommt die eigentliche Lebenszeit (Shinay-Bardo). Innen- und Außenraum sind, wie in der Beschreibung der phänomenologischen Quadranten erläutert, so, wie wir sie aus unserem Leben kennen.
- Und rechts sehen wir den Zeitpunkt unseres Todes und die damit verbundene Exvolution (Tschönyi-Bar-

do). Der innere Raum ist alles, was in der Zukunft liegt. Das Äußere ist der Kosmos unserer Lebenszeit.

Was wir hier sehen, ist eine Blase, die aus dem Göttlichen herauswächst. Diese Blase ist der individuelle, phänomenale Kosmos des Holons. Und jedes Holon hat seine eigene kosmische Blase. Dies erinnert wiederum an die Perlen in Indras Netz, die das gesamte Netz aus einer individuellen Perspektive widerspiegeln. Jedes Spiegelbild ist einzigartig und doch hängen alle Spiegelbilder direkt voneinander ab. Jedes Holon hat seine eigene Wirklichkeit, seinen eigenen Kosmos. Und doch leben alle Holons in einem einzigen Universum.

Hier noch einmal in einer Gesamtansicht:

Die Wirklichkeit schwimmt als Co-Kreation aller Holozellen auf den Konvektionen von In- u. Exvolution.

Jetzt habe ich das Ganze auf den Kopf gestellt und die göttliche Einheit bildet den Urgrund des Kosmos, der sich wie ein Teppich aus den Blasen und Schlaufen aller individuellen Kosmen der Holons zu einem Ganzen webt. Die Fülle der Blasen bildet oben den Zeitpfeil der Evolution und erzeugt aus einer Vielzahl phänomenaler, individueller Erfahrungswelten den physischen Kosmos mit seinen drei Dimensionen, indem sich die Blasen gegenseitig beeinflussen, ineinander verschachteln und sich gegenseitig ihre Realitäten erzeugen. Und das sind wir. Aber nicht nur wir, sondern alle Holons und somit auch alle Zellen, Moleküle, Atome und so weiter. Auf diese Weise können wir Realitäten erschaffen. Wir projizieren unsere Erwartungen und verwirklichen oder korrigieren die Erwartungen anderer.

5. Religionen transrational

Und jetzt können wir zu den Religionen zurückkehren und sehen, was daraus geworden ist. Wie gehen wir nun mit diesen Fragen um? Mit den Fragen nach einer Seele, nach Karma, Himmel, Hölle, Reinkarnation, Auferstehung, ewigem Leben? Was können wir aus diesem neuen Zugang zu den vier Quadranten machen?

Körper, Seele, Geist

Schauen wir uns noch einmal an, was genau beim Tod geschieht.

Der Körper löst sich auf, weil die Subholone den Zusammenhang verlieren. Das ordnende Muster verlässt die Realität. Und deshalb zerfallen die Subholons. Der materielle Körper vergeht, zerfällt. Dann haben wir das psychische Muster, das in den Quantenzusammenhang eingewoben ist, die ganzheitliche Quantenfunktion. Das heißt, der ganze Kosmos trägt jetzt dieses Muster in sich. Es ist im Hologramm gespeichert. Wir erinnern uns, dass keine Information verloren geht, dass die Entropie des Kosmos immer zunimmt. Und das ist das, was wir Seele oder Psyche oder feinstofflichen oder archetypischen Körper nennen. Dieser ist im Kosmos mehr oder weniger aufgefächert und als holographisches Muster gespeichert.

Und da ist als drittes Element der Zeuge, der Geist, der bis zur göttlichen Einheit aufsteigt.

Man darf nicht vergessen, dass wir immer noch von einem Monismus ausgehen. Es gibt nur eine Essenz. Und doch haben wir hier drei Komponenten, Körper, Seele und Geist, die sich beim Tod voneinander trennen. Und durch den Ansatz der phänomenalen Quadranten gibt es dabei keinen Widerspruch.

Himmel, Hölle, Fegefeuer

Wie weit ertragen wir das, was wir selbst in die Welt gebracht haben? Wenn wir mit dem konfrontiert werden, was unser Leben in anderen ausgelöst hat, dann kann es sein, dass es für uns so schlimm wird, dass wir bewusstlos werden und irgendwo auf dem Weg stecken bleiben. Weil wir uns irgendwo darauf fokussieren, weil wir uns irgendwo von irgendwelchen Dingen hypnotisieren lassen und deshalb den Weg zur göttlichen Einheit nicht mehr weitergehen. Und wenn es ganz schlimm wird, dann erleben wir die Auflösung des Körpers, weil wir die Identifikation damit nicht aufgeben können, weil wir gar nicht hinsehen wollen, was wir damit in anderen ausgelöst haben. Diese Auflösung wäre die Hölle. Aber es gibt auch ein Fegefeuer, wenn wir in der Welt bleiben, psychisch identifiziert mit dem, was wir verursacht haben. Mitleid haben mit den Wesen, die wir jetzt draußen sehen, denen wir in der Vergangenheit Leid zugefügt haben und deren materielle Auswirkungen wir in uns spüren. Oder wir können das, was wir verursacht haben, ertragen und uns mit der göttlichen Einheit verbinden. Und das bedeutet nichts anderes als die ewige Gemeinschaft mit Gott. Wir dürfen uns das nicht so vorstellen, dass wir als Individuum in der Ganzheit ertrinken und untergehen. Es ist nicht so, dass das Ich verloren geht. Man hat oft Angst, mit der göttlichen Einheit identisch zu werden und dabei selbst zu verschwinden. Aber so ist es nicht, sondern das Ich erweitert sich. Man kann zum Beispiel, wenn man jetzt einem nahen Verwandten im Tode begegnet, die Persönlichkeit des anderen empathisch nachempfinden. Dabei verliert man sich selbst nicht. Aber plötzlich ist die Empathie so groß, dass man nicht mehr unterscheiden kann, ob man noch ich ist, der sich in diesen Verwandten einfühlt, oder umgekehrt. Man ist dann beides. Weil man plötzlich Einblick in die Persönlichkeit, in das Muster des anderen bekommt und zum Muster des anderen wird. Und das führt zu einem hundertprozentigen Verständnis. Man ist auf einmal beide Personen. Und wenn sich das immer weiter ausdehnt, dann geht das Ich in der Auflösung in Gott nicht verloren, sondern das Ich bleibt präsent, identifiziert sich aber gleichzeitig mit allen anderen. Es ist also nicht so, dass etwas verloren geht, sondern es bleibt erhalten. Und das ist dann das, was man Leben in der göttlichen Einheit nennt. Im Himmel wird das Ich Gott. Aber nur dann, wenn es auf dem Weg zur Einheit jede Verurteilung und jede Ablehnung aufgegeben hat. Sonst bleibt das Ich in der Matrix, im Fegefeuer, stecken und erzeugt Karma für die nächsten Inkarnationen.

Karma und Reinkarnation

Die Geburt ist wie der Tod, nur mit anderen Vorzeichen. Der Zeuge, der göttliche Funke, kommt aus der Einheit. Er ist immer frei von Eigenschaften, außer der Eigenschaft des Beobachtens. Er ist das Selbst in jedem Holon. Er vergisst seine Identität mit dem Göttlichen und wird zum individuellen Geist im System.

Was in den Kosmos eingeschrieben ist, könnte man Karma nennen. Und es könnte sein, dass dieses Muster tatsächlich eine reale Person aus der Vergangenheit ist, die sich hier wieder zu einer neuen Person zusammensetzt. Man könnte auch zurückrechnen, wenn ein Elektron an einem bestimmten Ort war, sich ein Quantenschaum aufgelöst hat und dann durch eine Wechselwirkung wieder konkret in Erscheinung tritt. Dann kann man in der Quantenfunktion zurückrechnen. Dieses frühere Elektron ist identisch mit diesem neuen Elektron. Und das Gleiche könnte man dann mit einer Inkarnation sagen. Es gibt ja eine identische Persönlichkeit, einen Menschen, der in der Vergangenheit gelebt hat und der dann hier wieder auf die Welt kommt. Die Seele, also das Muster, das im Kosmos eingeschrieben ist, reinkarniert.

Und dann haben wir als Drittes den materiellen Kontext. Das sind die Voraussetzungen im materiellen Kosmos, die materielle Infrastruktur, die notwendig ist, um ein lebensfähiges System in dieser Welt entstehen zu lassen. Also für uns Menschen ist das auf jeden Fall die Existenz von Vater und Mutter. Dann, dass es eine funktionierende Infrastruktur gibt, die Vater und Mutter am Leben erhält, dass Geburt stattfinden kann und so weiter. Also all diese materiellen Dinge, die es in der Vergangenheit ermöglicht haben, dass diese Situation der Geburt entstehen kann. Dass sich die Möglichkeit eröffnet, dass sich da etwas zusammensetzt, was eine Innenperspektive hat.

Materie setzt sich zusammen – bottomup
Geist differenziert sich – topdown

Wichtig ist aber zu sehen, dass die Materie sich aus Teilen zu Ganzheiten zusammensetzt, während der Geist sich nicht zusammensetzt, sondern differenziert. Das heißt, der Geist spaltet sich ab, er kommt von oben als Ganzes und wird durch Abschattung, Ausblendung und Verdrängung immer weniger, bis es zur endgültigen Individuation kommt. Dabei werden große Teile des restlichen Geistes nach außen projiziert, um die Welt zu erschaffen. Während sich die Materie von unten aus kleinen Teilen zusammensetzt, die dann immer mehr werden und sich zu Ganzheiten verbinden. Es ist wie in einer Tropfsteinhöhle: Der Geist kommt von oben aus der Ganzheit und zerteilt sich, die Materie kommt von unten und setzt sich zusammen. Und beides folgt dem Muster des Holons, das in die Matrix eingeschrieben ist.

Die **Seele** ist die Kohärenz der individuellen Erfahrungen. Das Muster, das eine Holozelle bildet, vor der Geburt, nach dem Tod und während des Lebens. Das heißt, es gibt eine Kontinuität der Seele, es ist dieses Muster, das inkarniert und exkarniert und dazwischen in diesem Kosmos lebt wie eine Perle in Indras Netz.

Karma ist die Auswirkung der Erfahrungen der Seele aus der Vergangenheit in die Zukunft. Ich glaube, es ist völlig klar, dass das, was vorher als Muster eingeschrieben wurde und dann bei der Geburt aufgenommen wird, um ein neues Holon zu erzeugen, mit dem Konzept von Karma identisch ist.

Die **Hölle** ist das Nichtertragen der eigenen Handlungen aus der Sicht der anderen. Dieser Perspektivenwechsel ist aber wichtig, um die einseitige Identifikation mit einem Teil des Kosmos aufzulösen, um wieder Ganzheit werden zu können.

Der **Himmel** ist das Erwachen des Ich in der Erkenntnis der Einheit mit Gott.

Sünde ist eine Handlung, die wir uns selbst nicht verzeihen, wenn wir aus der Perspektive der anderen erkennen, welche Wirkung sie in deren Innenperspektive hervorgerufen hat.

Auferstehung ist die Gewissheit, dass wir unser Karma spätestens am Punkt Omega, dem Punkt am Ende des Kosmos, abgetragen haben werden, wo Gott in vollem Bewusstsein erwacht und wir alle Teil dieser Person, dieser göttlichen Einheit sind.

Das **Jenseits** ist die Gemeinschaft aller Holozellen in der Zuwendung Gottes.

Das **ewige Leben** ist das ewige Jetzt, die Gegenwart Gottes in der Schöpfung und im gesamten raumzeitlichen Kosmos aus der Innenperspektive.

Die **Trinität**, die in fast allen Religionen vorkommt, sind die Attribute des Göttlichen: **zeitlos**, **ewig** und **immerwährend**. Alle drei Attribute lösen den Fluss der Zeit auf, aber auf unterschiedliche Weise.

Betrachten wir noch einmal die Informationsblase eines Holons, also seinen individuellen, phänomenalen Kosmos, wie er aus der göttlichen Einheit herausragt und das Universum eines einzelnen Holons darstellt:

Man hat auf der einen Seite die göttliche Einheit, das ist der Cyberspace, der Informationsraum, die einheitliche Quantenfunktion oder auch der göttliche Urgrund des unbewegten Bewegers, der es überhaupt ermöglicht, dass es so etwas wie einen Kosmos gibt. Er wird **Vater** genannt und steht für **Zeitlosigkeit**. Denn in diesem Bereich gibt es keine Zeit.

Dann gibt es unten in der Zeit des Lebens in jedem einzelnen Holon einen Funken, diese göttliche Einheit. Das ist die **Ewigkeit**, das ewige Jetzt. Wenn wir im Hier und Jetzt sind, können wir dieses Bewusstsein spüren, das uns dann bewusst wird? Das ist dann identisch mit dem, was wir **Sohn** nennen. Und das erkennen wir nicht nur in uns selbst, sondern vielleicht im Dialog auch im Anderen. Das ist das ewige Jetzt, wo Sohn ist, wo sich die Gottheit als Sohn manifestiert.

Und dann haben wir den Kosmos, in seiner Ausprägung als Indras-Netz, als Funktionen, wie das Ganze zusammenwirkt und die Welt webt. Der soziale Aspekt der Holons, die zusammen den Kosmos erschaffen. Das ist dann das, was man **Heiliger Geist** nennt. Das ist das **Immerwährende**. Das ist das, was immer da ist.

Das sind die drei Aspekte des Göttlichen:

Zeitlos = der Vater
Ewig = der Sohn
Immerwährend = der Heilige Geist

6. Epilog

Sehr geehrter Leser,

ich bedanke mich herzlich dafür, dass Sie sich die Zeit genommen haben, mein Buch «Jenseits der Grenzen – Das integrale Modell und der Evolutionäre Idealismus» zu lesen. Mein Ziel war es, das «Integrale Modell» (IT) von Ken Wilber mithilfe meiner Philosophie des «Evolutionären Idealismus» (EvId) um eine phänomenologische Komponente zu erweitern und somit eine Erklärung für die Beschreibungen der Religionen von den Zuständen *vor der Geburt* und *nach dem Tod* in das Modell zu integrieren.

Der EvId unterscheidet sich nicht grundlegend von der IT, jedoch werden die Quadranten anders hergeleitet und aufgeteilt als in der IT. Dieser kleine Aspekt ermöglicht es jedoch, wenn man die Welt konsequent in dieses Pantheistische Schema einordnet und Materie und Geist als zwei Erscheinungsformen einer dahinterliegenden Informationsmatrix deutet, die spirituellen Komponenten der Religionen widerspruchsfrei in ein wissenschaftliches Weltbild zu integrieren.

Durch die Integration von Spiritualität in die IT nach Ken Wilber wird es möglich, ein tieferes Verständnis für unser Dasein und unsere Beziehung zu anderen Menschen und der Natur zu erlangen. Dies ist eine wertvolle

Ergänzung, die dazu beitragen kann, unser Verständnis von uns selbst und der Welt zu erweitern.

Ich hoffe, dass meine Arbeit einen Beitrag dazu leisten konnte, die Bedeutung der Spiritualität im Zusammenhang mit der IT zu verdeutlichen. Es ist mir eine Herzensangelegenheit, mein Wissen und meine Erfahrungen auf diesem Gebiet mit anderen zu teilen, um so eine umfassendere und tiefgründigere Sicht auf das Leben zu ermöglichen.

Ich habe mich bemüht, in meinen Argumenten logisch und rational zu bleiben, soweit das bei spirituellen Themen möglich ist. Mein Ziel war es, eine neue und nachvollziehbare Perspektive auf das Leben und den Tod zu schaffen und vielleicht sogar Antworten auf offene Fragen zu liefern.

Ich hoffe, dass ich mit diesem Buch den einen oder anderen Leser zum Nachdenken anregen konnten und dass es Ihnen dabei geholfen hat, Ihre eigene Beziehung zur Welt um uns herum zu vertiefen.

Nochmals möchte ich mich bei Ihnen für Ihre Aufmerksamkeit bedanken und hoffen, dass Sie von meinem Buch inspiriert wurden, sich weiter mit diesen Themen auseinanderzusetzen.

Gerhard Höberth
Im März 2023